JN250788

推論と照応
照応研究の新展開

山梨正明
Yamanashi, Masa-aki

まえがき

　言葉の理解は人間の柔軟な認知のプロセスを反映している。そのなかでも、照応の理解は、思考・推論・連想、等にかかわる人間の認知プロセスを反映する言語現象の一つとして注目される。本書では、日常言語を特徴づける照応現象のうち、とくに推論がかかわる間接的な照応現象の問題を考察していく。

　一般に、言語学の分野では文法の研究が中心になっており、言葉の形式と構造の側面にかかわるシンタクスの研究に力点がおかれてきている。このシンタクス中心の研究からみるならば、推論がかかわる言語現象は文法の研究とは独立した現象として位置づけられるかもしれない。しかし、文法現象として扱われている現象のなかには、推論や文脈の要因を考慮しないかぎり一般的な説明ができない現象も広範に存在する。本書では、とくにこの推論がかかわる照応の問題に焦点をあてながら、文法と他の認知的な要因の相互関係を明らかにしていく。

　文法現象にかかわる要因は、一見したところ言葉の形式と構造にかかわる自律的な要因として、他の認知的な要因からは独立して存在するように考えられる。しかし、実際に問題とされる文法現象には、推論をはじめ伝達の間接的なモードやメタファー、メトミニー、等の言葉のレトリカルな側面に関する認知的な要因が密接にかかわっている。筆者のこれまでの興味は、とくに文法研究と次に示される要因との相互関係にある。

　・間接発話行為（Indirect Speech Act）にかかわる要因
　・レトリック（Rhetoric）にかかわる要因
　・推論（Inference）にかかわる要因

　伝達の間接的なモードにかかわる発話行為の機能と文法の相互関係、メタファー、メトニミー、等の言葉の修辞的な側面と文法の相互関係の考察は別の機会に試みた。（前者の伝達の間接的なモードにかかわる要因と文法の相互関係に関しては、『発話行為』（大修館書店、1986）、後者の言葉の修辞的な側面と文法の相互関係に関しては、『比喩と理解』（東京大学出版会、1988）を参照されたい。）

　これらの問題にたいし、本書では、さらに照応現象との関連で推論と文法の相互関係を考察していく。推論、間接的な発話行為、メタファーを中心とするレトリックの問題は、一見したところ独立した問題のようにみえるかもしれない。しかしこれらの問題は、いずれも日常の伝達の間接的なモードにかかわっているという点では共通している。メタファーは、文字通りの意味をこえた伝達の一種である。この意味で、メタファーによる修辞的な発話は、間接的な発話行為の一種とみなすことができる。また、この文字通りの意味をこえる間接的な発話の理解には、推論のプロセスが密接にかかわっている。本書で考察していく照応現象には、とくに推論と間接的な伝達のモードにかかわる要因が関係している。

　従来の一般的な見方からすれば、推論の問題は論理学の分野に属し、文法の領域からは独立した問題と考えられるかもしれない。たしかに、昔から三学科（trivium）と呼ばれる西洋の伝統的な研究として、論理学・レトリック・文法は独立した部門として位置づけられている。したがって、この区分に拘泥するならば、推論の問題は、論理学の分野にかかわる問題と考えることもできる。しかし、生きた伝達の場でつかわれる日常言語には、文法・論理・レトリックのどの側面も密接にかかわっている。

　推論がかかわる照応現象は、これまで文法の名のもとに扱われてきた言語現象を、日常言語の論理やレトリックにかかわる要因との関連で見直していくための一つの検証の場を提供する。さらにいえば、照応の問題を一つの手がかりとして推論と日常言語のかかわりを考察していくことにより、これまで文法・論理・レトリックの問題として区別されていた現象を

統合的に見直していくことが可能になる。

　本書では、この展望のもとに、照応を中心とする日常言語の具体的な現象の体系的な分析を試みる。照応にかかわるデータとしては、文レベルだけでなくテクスト・談話レベルの用例も考察の対象とする。先行詞と照応詞の関係が直接的に理解できる照応の事例とくらべ、本書で考察の対象とする照応は、先行詞が直接には先行文脈に明示されず、推論を介して理解される間接照応の例が大半をしめる。

　本書で引用した照応の具体例は、できるかぎり引用の出典とページを明示してある。個々の具体的な用例とデータに興味のある読者は、さらに巻末の〔引用文出典〕を参照されたい。

　本書の出版にあたっては、くろしお出版の岡野ゆみ子さん、福西敏宏さん、佐藤陽子さんに、草稿の段階から校正の作業その他にいたるまでいろいろお世話になった。ここに記して感謝したい。

1992 年 11 月 3 日

山梨正明

新版　まえがき

　本書は、基本的に言語学の研究書であるが、これまでの一般的な言語学の研究とは異なり、人間の認知能力のなかでも重要な役割をになう推論の認知プロセスがかかわる言語現象を考察の対象としている。推論と日常言語のメカニズムの解明は、筆者のこれまでの言語学の研究の重要なテーマの一つであるが、本書は、筆者のこの方面における研究の出発点となる一冊である。推論がかかわる言語現象の研究は、その後、拙著の『認知意味論研究』（研究社、2012）、『修辞的表現論』（開拓社、2015）、『自然論理と日常言語』（ひつじ書房、2016）で試みているが、本書は、これらの研究を進めていく際の背景的な基盤になっている。

　初版の刊行から現在まですでに二十数年が過ぎており、ここ十年余りの間、本書は絶版となっていた。その間、理論言語学、語法研究、テクスト・談話分析、言語情報処理、等の関連分野の多くの方々から、再版のリクエストをいただいていたが、ようやくここに新版の刊行が可能となった。新版に際しては、本書の初版の刊行から現在までの照応現象に関する新たな知見と研究成果を、巻末の最終章（「照応研究の新展開—認知的パースペクティヴ」）として追加している。この四半世紀における言語学の研究、とくに認知言語学のアプローチに基づく言語学の研究には、注目すべき進展がみられる。この新版では、追加の最終章において、認知言語学の枠組みに基づく照応現象の注目すべき研究を概観している。

　これまでの言語学の研究（とくに形式文法のアプローチに基づく言語学の研究）では、照応がかかわる文法現象には、人間の認知能力の中核をなす推論の認知プロセスは関与せず、純粋に文法の統語的な制約に基づいて記述・説明が可能であるという前提で研究が進められている。本書では、

照応がかかわる具体的な言語現象の綿密な分析を通して、形式文法における統語論の自律性を前提とする言語学のアプローチの限界を明らかにしている。とくに本書では、統語論の自律性に基づく言語研究の限界を示す証拠として、演繹的推論、デフォールト的推論、誘引的推論、会話の含意にかかわる語用論的推論を考慮しないかぎり、記述・説明の一般化が不可能な言語事実を、音韻・形態レベル、統語レベル、意味レベル、語用論レベルにわたって指摘している。この種の推論にかかわる事実は、言語学の研究だけでなく、思考のメカニズムにかかわる論理学、心のメカニズムの解明をめざす心理学、等の認知科学の関連分野にも重要な知見を提供する。また本書では、日常言語の修辞性にかかわる認知プロセスが照応現象の記述・説明に際し重要な役割をになう事実を、メタファー、メトニミー、等の言語現象との関連で考察している。この種の事実の探求は、修辞学、詩学、文学、等の言葉の創造性のメカニズムの解明をめざす人文科学の関連分野に重要な知見を提供する。

　旧版の「まえがき」でも触れているが、本書では作例だけでなく、日常会話、文学作品（小説、戯曲、随筆、等）の古典的なテクストからの多様な引用例に基づいて考察を進めている。本書で引用している文学作品の大半は、学部と大学院の学生時代から現在にいたるまでに味読した作品の引用例のノートに基づいている。国内外を問わず、これまでの理論言語学の研究は、（とくに形式文法の研究にみられるように）作例を中心に分析を進める傾向がある。言語学の研究が、言葉の形式と意味の知的側面の探求だけでなく、その感性的な側面、創造的（ないしは想像的）な側面の探求に進展していくためには、文学性、芸術性を反映する言語表現の分析が重要な役割をになう。本書の文学作品の引用例に関する分析が、言葉の感性、創造性／想像性のメカニズムの研究に、何らかのかたちで貢献することを願っている。

　本書の新版の刊行に際しては、企画、編集、校正、等の作業においてくろしお出版の池上達昭氏にお世話になった。心よりお礼を申し上げたい。

最後に、精神面だけでなく研究と生活のあらゆる面において、つねに励ま
し支えてくれる家族に感謝したい。

2017 年 10 月 11 日　吉日

山梨正明

目　次

まえがき iii

新版まえがき vi

⫷ 推論と照応 ⫸

1　序　章 3

    1.1　はじめに　　3

    1.2　照応の基本的側面　　4

    1.3　照応の認定―解釈の間接モード　　9

    1.4　推論と間接照応　　10

    1.5　照応の表示と解釈　　11

2　語用論的推論と照応現象 13

    2.1　はじめに　　13

    2.2　語用論と推論　　14

    2.3　疑似論理性と間接照応　　18

    2.4　複合的推論と間接照応　　22

    2.5　言語外的知識と推論照応　　26

3　談話・テクストの主観性と照応 29

    3.1　はじめに　　29

    3.2　モダリティと照応　　29

    3.3　テンス・アスペクトと照応　　34

    3.4　ヴォイス・否定と照応　　36

3.5　モダリティと推論照応　　39

3.6　遂行的照応—モダリティと発話行為　　41

3.7　発話の力と間接照応　　43

4　間接照応と認知プロセス 47

4.1　はじめに　　47

4.2　オンライン・プロセスと統合的照応　　48

4.3　補完リンクと間接照応　　52

4.4　先行詞の存在モードと間接照応　　58

4.5　ゼロ先行詞と間接照応　　60

4.6　分離先行詞と間接照応　　63

4.7　照応不能領域と内在先行詞　　68

5　レトリックと照応現象 75

5.1　はじめに　　75

5.2　メトニミーと日常言語　　75

5.3　トポニミーとパートニミー　　76

5.4　メタファーと照応　　88

5.5　ゼロ照応とレトリック　　97

5.6　コソアの拡張と照応関係　　107

6　終　章 113

6.1　言語学と関連分野の照応研究　　113

6.2　照応現象と言語研究　　114

6.3　文法と推論の役割　　115

6.4　照応と解釈の不確定性　　117

6.5　照応の理解と汎モジュール性　　118

❧ 照応研究の新展開 ❧
―認知的パースペクティヴ―

1.　はじめに 123

2.　一般的認知能力と言葉の創発性 123

3.　参照点起動の推論能力 125

4.　参照点能力と照応現象 126

5.　間接照応と参照点モデル 134

6.　メトニミー照応と連想のプロセス 142

7.　プロファイル・シフトと間接照応 145

8.　テクスト・レベルのオンライン照応 148

9.　話題のシフトとテクスト・レベルの照応 154

10.　結語と展望 160

参考文献 163

索引 174

著者紹介 179

推論と照応

1 序　章

1.1　はじめに

　日常言語の談話、テクストの理解のプロセスは、さまざまな認知のメカニズムによって特徴づけられている。そのなかでも、照応は、日常言語の談話やテクストの形式的なつながりや意味的なつながりを理解していくための重要な言語手段の一つとして注目される。

　一般に、照応の現象は、言語学の分野を中心に研究が進められてきているが、心と情報処理のプロセスの研究を中心とする認知心理学や自然言語処理などのいわゆる認知科学の関連分野においても、重要な研究のターゲットとして注目されてきている。

　照応現象へのアプローチは、それぞれの分野によって異なる。認知心理学の分野では、とくに記憶、連想などのメカニズムを理解していくための検証の一つの手段として、照応現象を研究のターゲットにしている。また、情報処理の分野では、時間軸にそった談話、テクストの理解のプロセスの一面を明らかにしていくための検証の場としてこの現象に注目する。

　これらの分野では、照応現象の意味と形式にかかわる言語的な知識の側面に注目するというより、この種の知識の背後にある人間の認識のメカニズムの解明に力点がおかれている。これにたいし、言語学の分野では、とくに形式と意味の体系からなる記号系としての言葉の側面ないしは文法的な知識の側面にかかわる現象の一部として、照応現象が研究のターゲットとされてきている。

1.2 照応の基本的側面

　本書では、照応現象をとくに言語学の枠組みに基づいて考察していくが、以上の考察からも明らかなように、照応現象のとらえ方はそれぞれの関連分野によって異なる。ここでは、まず言語学の分野で研究されてきている照応現象の基本的な問題を概観し、言語学のアプローチからの照応現象の研究の射程とスコープを検討する。

　一般に、ある言語表現が、これに後続する言語表現と同一の内容ないしは同一の対象をさす場合、これらの表現は「照応関係」(anaphoric relation)にあるとされる。[1]　この場合、前者の表現は「先行詞」(antecedent)、これに対応する後続の表現は「照応詞」(anaphor)と呼ばれる。[2]　この種の照応関係にある現象は、一般に文脈指示にかかわる照応（ないしは文脈照応）の一例といえる。照応を広い意味で解釈するならば、外界指示にかかわる照応（すなわち問題の照応詞の指示対象がしかるべき状況、場面に存在する照応）も考えられる。

　日常言語を特徴づける照応現象は多岐にわたるが、一般にこの種の現象は、次のような問題との関連で研究されてきている。

　・先行詞と照応詞の順序関係
　・文脈指示と状況指示
　・先行詞と照応詞の種類

---

[1]　ある二つの表現が「同一指示的」(coreferential)であるという場合は、一方の表現ともう一方の表現が同じ対象を指示する場合を意味する。この場合の同一性は、せまい意味での「指示的な同一性」(referential identity)が基準になっている。しかし、以下の考察で照応表現の同一性を問題にする場合には、問題の言語表現の「概念的な同一性」(conceptual identity)も広い意味でふくむことにする。

[2]　照応現象の基本的な問題（とくに文－文法の知識に関する照応現象の基本的な問題）に関しては、今西・浅野 (1990：1章)、安井・中村 (1984：1章) を参照。

・照応関係を保証する同一性の条件

　先行詞と照応詞の順序関係からみた場合の照応は、基本的に「前方照応」(anaphora) と「後方照応」(cataphora) にわけられる。このタイプの照応の例としては、(1)、(2) が考えられる。[3]

(1)　先生は [手紙] をとり出し、[それ] を生徒にわたした。
(2)　いつも [そう] なんだが、彼女は [夕食の後にケーキを食べる]。

　一般に、(1) のように先行詞が照応詞よりも前にある照応は前方照応、逆に、(2) のように先行詞が照応詞より後にくる照応は、後方照応と呼ばれる。
　この種の照応の場合には、先行詞（すなわち、問題の照応詞の照応先）は言語的な文脈のなかに認められる。このように、照応の対象が言語内のテクストや談話のなかに認められる照応は、「文脈照応」(endophora) と呼ばれる。すでにみた前方照応や後方照応は、この文脈照応の一種とみなすことができる。
　一般に照応現象という場合には、このタイプの照応を問題にする。しかし、照応を広い意味に理解するならば、次のような現象もその一部とみなすこともできる。

---

[3]　前方照応と後方照応に関しては、Halliday and Hasan (1976：33) を参照。また、この種の照応の分類に関しては、本章の表1を参照。
　一般に次の例にみられるように、後方照応の具体例は、連体修飾や従属節がかかわる構文によくみられる（馬場 1992：23-24）。

（ⅰ）その力を十分に発揮した選手。
（ⅱ）その復旧に一週間もかかった冠水事故。
（ⅲ）意味を知らないでそれを使うと、俗語は誤解を招くことがある。

(3) 僕がこのまえ買った本はどこかなあ。昨日はたしか [ここ] に置いてあったはずだけど。

(4) A：わるいけど、[それ] を [あそこ] に運んでくれる。

B：[これ] でいい？

　この場合には、代名詞（ないしは照応詞）の照応先としての先行詞は、言語文脈としてのテクストのなかには認められず、問題の発話における言語外の場面のなかに認められる。この種の照応を、外界照応（exophora）として、広い意味での照応現象の下位類とみなすこともできる。このように、照応現象を広く解釈するならば、照応は次のように区分することができる（この種の照応の下位区分に関しては、Halliday and Hasan（1976：33）を参照）。

表 1

照応の分類		
照応	文脈照応（Endophora）	前方照応（Anaphora）
		後方照応（Cataphora）
	外界照応（Exophora）	

　照応現象を体系的にみていくためには、さらに形式と用法の側面からみた照応詞と先行詞の下位類を明らかにしていく必要がある。この観点からみた照応詞としては、すくなくとも次のタイプが考えられる（山梨 1985：29）。

表 2
照応詞の下位分類

（ⅰ）〈**「コソア」の照応詞**〉：{e.g. [一人の老人]……[{その／あの}老人]}

（ⅱ）〈**「コソア」なしの照応詞**〉：{e.g. [一人の老人／女]……[老人／女]}

（ⅲ）〈**修辞的照応詞**〉：

   a. 全体：{e.g. [私の息子]……[与太郎]

               [あの男]……[やっこさん]}

   b. 部分：{e.g. [某国立大学]……[同大 (学)]

               [新たにモデルチェンジした車]……[新車]}

（ⅳ）〈**代用の照応詞**〉：

   a. 部分：{e.g. 名詞類：[N]……[{それ／あれ／彼、等}]

               述語類：[V(P)]……[{そう(する)／そう(なる)、等}]

               文類：[S]……[{それ／そう、等}]}

   b. ゼロ：{e.g. [手紙]をとりだし[(φ)]学生にわたす／太郎が[UFO]を見たが、次郎も[(φ)]見た}

　照応現象を体系的に考察していくためには、さらに照応関係を規定する同一性の条件（identity conditions）が問題になる。照応関係にかかわる同一性の条件としては、すくなくとも次のような条件が考えられる（今西・浅野 1990：45-46）。

（5）a.　形態上の同一性

    b.　連鎖の同一性

    c.　構造の同一性

（6）a.　指示の同一性

    b.　意味の同一性

    c.　論理形式の同一性

　今西・浅野（1990）では、（5）のタイプの条件は照応の形式的な側面に関する同一性の条件、（6）のタイプの条件は照応の意味的な側面にかかわる条件として区別されている。[4]　本書で、問題にする同一性の条件も、基本的には（5）、（6）の条件にそっている。ただし、ここでは以上の照応の条件のほかに、音韻的な側面に関する同一性の条件もくわえる。[5]

　この音韻的な側面にかかわる条件をふくめて、同一性の条件を語彙（ないしは単語）レベル、統語レベル、意味レベルでみた場合、照応にかかわる同一性の条件は、音韻・形態的な側面にかかわる条件、統語的な側面（線状性、構造）にかかわる条件、意味的な側面（指示対象、概念構造）にかかわる条件に区別することも可能である。[6][7]

　照応の同一性の条件（i.e. 先行詞と照応詞にかかわる同一性の条件）がどの範囲にかぎられるかは、あくまで日常言語の事実との関連で経験的に決められなければならない。いずれにせよ、この種の条件は、照応の解釈の認知的な基盤の一部になっている。とくにこの種の条件は、照応表現から

---

[4]　この種の同一性の条件（とくに省略ないしは削除の操作との関連からみた同一性の条件）の問題に関しては、Chomsky（1965：144–147）を参照。

[5]　一般に、これまでの照応の規定では、音韻的な同一性の条件は問題にされていない。しかし、次のような照応の場合には、音韻的な同一性が問題になる。

　（ⅰ）裏山で突然「ズドン！」。鳥たちは［それ］に驚いて飛び去った。
　（ⅱ）太郎は「デブ」なので、［そう］呼ばれている。

これらの例の代名詞の［それ］、［そう］は、先行文脈の言語表現の一部を概念的に指すのではない。むしろこの種の代名詞は、先行文脈の音声化された部分（i.e.「ズドン」、「デブ」）と同一指示的な関係にあるといえる。

[6]　このようにみるならば、6c の論理形式の同一性は、論理関係を形式的に反映する深層レベルの構造の同一性（cf. 5c）の一種とみなすこともできる。

[7]　山梨（1985：29）では、照応にかかわる以上の同一性の条件を、（ⅰ）形式上（音韻・形態）の同一性、（ⅱ）統語上（線状性・構造）の同一性、（ⅲ）意味上（指示対象・概念内容）の同一性として区分している。

先行詞を復元的に解釈するための認知的な手がかりとして重要な役割をになう。

1.3　照応の認定―解釈の間接モード

　照応の問題は、言語学の分野を中心にかなり研究がなされてきている。しかしこれまでの研究では、先行詞と照応詞の関係が直接的に理解できる照応の研究が中心になっており、先行詞と照応詞の関係が直接的には理解できない照応の研究は本格的にはなされてきていない。

　照応現象を先行詞と照応詞の認定プロセスの観点からみた場合、基本的に二つの照応のケースが考えられる。

・問題の照応詞に対応する先行詞が、前後関係を規定する文脈や状況、場面に直接的に認められるケース。
・問題の照応詞に対応する先行詞が、前後関係を規定する文脈や状況、場面には明示されず間接的に推定されるケース。

　ここでは、前者の照応を「直接照応」、後者のタイプの照応を「間接照応」として区別する。[8]

　一般に、問題の照応詞に対応する先行詞が前後の言語的な文脈（あるいは発話の状況、場面）に明示的に存在しない事例は、何らかの意味で「間接照応」の事例とみなすことができる。先行詞が直接的に理解されないケースはいくつか考えられる。事例によっては、問題の先行詞に対応する部分が表層レベルでは省略されており、その先行詞にあたる部分を深層レ

---

[8]　ここでは一応、「直接的照応」と「間接的照応」を区別するが、このふたつの区別は絶対的なものではない。これまで直接的な照応と考えられていた照応現象の一部は、厳密には間接的な照応の一種とみなすことも可能である。この線にそった照応現象再規定の問題に関しては、とくに3章を参照。

ベルで復元することにより問題の照応関係がはじめて理解される場合も考えられる。また、問題の照応詞に対応するはずの先行詞の部分が、表層レベルに単一の構成要素としては存在せず、その一部分だけが前後の言語文脈に分離して存在するような場合も考えられる。

　この種の事例は、問題の先行詞が言語の表層レベルに明示的に単一の構成要素としては存在しないという点で、広い意味での間接照応の一種とみなすこともできる。ただし、このタイプの先行詞が、省略その他の復元による言語操作を介して深層レベルに認定できる場合には、かならずしも間接照応とみなす必要はないといえる。

1.4　推論と間接照応

　先行詞に相当する要素が表層レベルには存在しなくても、問題の談話、テクストの文字通りの意味内容（ないしは命題内容）にかかわる深層レベルにおいて先行詞を認定することができる場合は、先行詞と照応詞の対応関係はかならずしも間接的であるとはいえない。

　しかし照応現象のなかには、問題の先行詞が言語外の一般的知識や語用論的な文脈に基づく推論のプロセスを介して、はじめてその理解が可能になるような事例も広範に存在する。談話、テクストの理解にかかわる推論にはいくつかのタイプが考えられる。その一つは、言語文脈の意味的な要因や論理的な要因によって誘引される推論である。また、言語外の文脈や知識を背景にして誘引される語用論的な推論も考えられる。（この種の推論のタイプに関しては、2章の2.2節で考察していく。）

　本書では、主に先行詞の理解にこの種の推論がかかわる間接照応の問題が研究の対象になる。文法（とくに文–文法）を中心とするこれまでの言語学の研究では、先行詞と照応詞の対応関係がはっきりしている直接照応の分析が中心になっている。これにたいし、推論のプロセスを介して先行詞の理解が可能になる間接照応の研究は、まだ本格的にはなされていない。

日常言語の柔軟でダイナミックな伝達のメカニズムを理解していくために
は、この種の推論がかかわる照応現象の問題を明らかにしていく必要があ
る。

1.5　照応の表示と解釈

　本書では、この種の間接照応の考察が中心になるが、具体的な事例の考
察にはいっていく前に、次の点をことわっておきたい。各章で問題にする
照応の例は、かならずしも単文とはかぎらない。具体例としては、単文の
例だけでなく、複数の文からなる談話やテクストの照応の例も考察の対象
としてとりあげている。したがって、どこが照応の例として問題になって
いるかを示すために、各例の照応詞に相当する部分の表現はカギ括弧 (i.e.
[ ]) ないしは下線で適宜マークしている。

　また、問題の照応詞と対応すると考えられる先行詞の解釈は、可能なか
ぎりその照応詞に対応する先行詞の意味内容の部分を、カギ括弧でマーク
して各例の前後に示している。ただし、本書で考察していく照応例の場
合には、言語外の文脈や背景的知識に基づく推論によって解釈される潜在
先行詞の例がかなりの部分をしめている。したがって、明示的な直接照応
の先行詞の例にくらべ、本書で考察の対象とする間接照応の先行詞の意味
解釈はかなり複雑であり、その意味が唯一的には確定できない例も存在す
る。さらにいえば、かりに文脈や背景的な知識を考慮しても、「曖昧」な
解釈ないしは「漠然」とした解釈しか得られない例も存在する。

　日常言語の理解にかかわる認知のプロセスを厳密に考えた場合、つねに
一語一句の意味を曖昧性を排除して明確に理解しながら伝達しているとは
かぎらない。伝達内容の一部は、推論や文脈、状況にゆだねながら言葉の
やりとりがなされるのが日常言語の現実であるならば、その解釈に「曖昧
性」(ambiguity) や「漠然性」(vagueness) がともなうのはむしろ自然であ
るといえる。

　以下で照応表現（とくに推論がかかわる間接照応の表現）を考察してい
く場合にも、事例によっては、先行詞の解釈に際してこの種の意味の不確
定性が生じる場合も当然予想される。

2 語用論的推論と照応現象

2.1 はじめに

　日常言語の理解は、柔軟な情報処理のプロセスからなり立っている。言葉の伝達にかかわる情報は多様である。この種の情報のなかには、そこに表現された言葉の文字通りの意味にかかわる情報だけでなく、その表現の前後関係にかかわる文脈情報、伝達の場面にかかわる情報、さらに論理的な推論や言語外の知識を背景とする語用論的な推論によって誘引される情報もふくまれる。

　日常言語の理解は、このようなさまざまな情報に基づく柔軟な情報処理のプロセスによって特徴づけられているが、これらの要因のなかでも、推論はこの柔軟な情報処理を可能とする重要な要因の一つである。

　推論を介して誘引される情報は、かならずしもわれわれが直接に意識しているとはかぎらない。この種の情報の一部は潜在的に存在している。われわれは、言語レベルにあらわれている情報だけでなく、文脈や推論によって誘引されるこの種の潜在的な情報もくみ取りながら柔軟な伝達をおこなっている。

　このように日常言語の理解には文脈や推論による伝達がかかわっているが、この種の伝達のメカニズムを特徴づける推論と潜在的な文脈から誘引される含意の研究は本格的にはなされていない。

　本章では、柔軟な伝達を可能としている推論の問題を、照応現象との関連でみていくことにする。一般に照応現象を問題にする場合には、問題の照応表現の先行詞が言語レベルにおいて直接的に理解できる照応の問題が

分析の対象にされる。しかし、日常言語のなかには、先行詞が言語レベル
には直接的には存在せず、その前後の文脈や背景的な知識に基づく推論に
よって間接的にしか理解できない照応現象も存在する。本章では、この種
の推論がかかわる照応現象、とくに文脈や言語外の知識を背景とする語用
論的な推論がかかわる照応現象を考察していく。

2.2 　語用論と推論

　日常言語の理解にかかわる推論は多様である。推論の一つのタイプとし
ては、問題の言語表現の意味内容やその論理的な性質から誘引される推論
が考えられる。この種の推論は、文脈や言語外の知識があたえられなくて
も、その言語表現の論理関係や文字通りの概念内容に基づいて誘引される
という点で、意味論的な推論のタイプに属するものである。

　この種の推論の具体例として、(1) の例を考えてみよう。

(1) a.　P：母親が子供を泣かせた。
　　b.　Q：子供が泣いた。

(2) 　　P：母親が子供を泣かせた。$\Longrightarrow$Q：子供が泣いた。

　この場合、(1a) からは (1b) が含意される。すなわち、(1) からは、(2)
の推論が成立する。(ここでは、$\Longrightarrow$ の矢印は、推論による含意関係を示
すものとする。) この種の含意が、文脈や言語外の知識に左右される含意な
らば、前後の文脈によってキャンセルされるはずである。しかし、この種
の含意を否定する (3) のタイプの文は矛盾文となる。

(3) 　*母親が子供を泣かせた。しかし、子供は泣かなかった。

　このタイプの含意に基づく推論は、基本的には文脈や言語外の知識があ

たえられなくても、問題の言語表現それ自体の意味的な性質によって成立する。したがって、この種の含意に基づいて誘引される推論は意味的な推論の一種とみなされる。

　これにたいし、文脈や言語外の知識を背景として誘引される推論は、語用論的な推論として、意味論的な推論から区別される。語用論的な推論の一例として、(4) の例を考えてみよう。(以下では、=*⇒ の矢印は、語用論的な推論による含意関係を示すものとする。)

(4) a.　P：母親が子供をどなりつけた。
　　 b.　Q：子供が泣いた。
(5) P：母親が子供をどなりつけた。
　　 =*⇒ Q：子供が泣いた。
(6)　　母親が子供をどなりつけた。しかし、子供は泣かなかった。

　この場合、文脈や状況によっては、(4a) から (4b) のタイプの含意が誘引されるのはかならずしも不自然ではない。すなわち、文脈、状況によっては、(4a) から (4b) の推論が成立する場合もあり得る。しかし、この種の含意に基づく推論は、純粋に意味的 (ないしは論理的) な推論ではない。なぜなら、この種の含意 (i.e. Q) を否定する文脈 (i.e. Not-Q) をつけた (6) の文は矛盾文にはならない。すなわち、(5) にみられるタイプの含意は、文脈や状況によってキャンセルすることが可能である。したがって、(5) のタイプの推論は、語用論的な推論の一種とみなされる。

　これらの例をみるかぎり、語用論的な推論と意味論的な推論は、その含意が文脈や状況によってキャンセルできるか否かの基準により、原則的に二つのカテゴリーに分けることができるようにみえる。

　しかし、日常言語の伝達にかかわる推論のなかには、これらのカテゴリーにたいし中間的な位置づけがあたえられる推論も考えられる。次の例をみてみよう。

(7) a.　P：男はその場から逃げ出せた。

　　 b.　Q：男はその場から逃げた。

(8) P：男はその場から逃げ出せた。

　　＝＊⇒Q：男はその場から逃げた。

(9)　男はその場から逃げ出せたが、結局そこにとどまった。

　この場合、(7a) から (7b) への含意 (i.e. (8) の推論) は自然である。この種の含意は具体的な文脈があたえられなくてもその言語表現の慣用的な言いまわし (i.e.「逃げ出せた」) から自然に誘引される。この点で、このタイプの含意に基づく推論は、文脈独立的（ないしは慣用的）な推論の一種とみなすことができる。（ここでは、＝＊⇒ の矢印は、文脈独立的な含意関係を示すものとする。）

　このタイプの含意に基づく推論 (i.e. (8) のタイプの推論) は、文脈から独立して誘引される傾向があるという点で、純粋に意味的な推論に似ているようにみえる。しかし、(9) に示されるように、この種の含意はキャンセルすることができる。したがって、(8) のタイプの推論は、純粋に意味的な含意ではなく、厳密には語用論的な含意の一種と考えられる。

　この点は、(10) のように、(7a) の文 (i.e. P：男はその場から逃げ出せた) を、これと同意の (10a) の文にパラフレーズしてみるとはっきりする。

(10) a.　P：男はその場から逃げ出すことができた。

　　　 b.　Q：男はその場から逃げ出した。

(11) P：男はその場から逃げ出すことができた。

　　　＝＊⇒ Q：男はその場から逃げ出した。

(12)　男はその場から逃げ出すことができたが、結局そこにとどまった。

　文脈があたえられない場合、(10a) の文から (10b) が誘引されるのは自

然である。しかし、この場合の推論（i.e.(11) の推論）も、(12) に示されるように、文脈によってはキャンセルすることが可能である以上、厳密には語用論的な推論の一種ということになる。しかも、相対的にみた場合、(10a) から誘引される含意は、(7a) から誘引される含意にくらべて文脈への依存度が高い。[1]

　以上の具体例からみて、日常言語の伝達を特徴づける推論には、相対的に次の三つのタイプの推論がかかわっている。この区分は、相対的なものであり、明確に三つのカテゴリーに分かれるわけではない。

（13）〈**推論のタイプ**〉

　　a.　意味的な含意に基づく推論

　　b.　文脈独立的な含意に基づく推論

　　c.　語用論的な含意に基づく推論

---

[1]　(7a) の文と (10a) の文は、論理的にはパラフレーズの関係にある。すなわち、これらの文の真理条件は基本的におなじである。しかし、これらの文から誘引される問題の含意 (i.e.男はその場から逃げ出した) の強さは、「逃げ出せた」という短絡的な表現を使うか、迂言的な「逃げ出すことができた」という表現を使うかで厳密には異なる。

　(i)〈短絡的表現〉：男はその場から<u>逃げ出せた</u>。(= (7a))
　(ii)〈迂言的表現〉：男はその場から<u>逃げ出すことができた</u>。(= (10a))

　一般的には、(i) のタイプの短絡的な表現のほうが、問題の含意は誘引されやすく、(ii) のタイプの迂言的な表現のほうが誘引されにくい。前者の短絡的な表現のほうが述部の表現がひとつの複合表現として慣用化されており、その程度におうじて問題の含意が文脈から独立して誘引されやすい。これにたいし、後者の迂言的な表現の述部は、問題の行為の実行能力にかかわる部分 (i.e. [できた]) が明示的に表現されており、その分だけ文脈によって問題の含意がキャンセルされやすい。

　この点で、短絡的な表現のほうが問題の含意が文脈独立的で慣用化される傾向にあり、迂言的な表現のほうが問題の含意は文脈依存的で、その程度に応じてより語用論的な含意であるといえる。

　一方の極には、その言語表現の意味内容や論理関係だけに基づいて誘引される意味的な推論、もう一方の極には、文脈や言語外の知識を背景にして誘引される語用論的な推論が位置づけられる。しかし、これらの区分は絶対的ではない。上にもみたように、日常言語のなかには、この後者の推論の一部が次第に文脈から独立して誘引され、意味的な推論に近い傾向をしめす推論も存在する。ここでは、この種の推論を、中間段階にある文脈独立的な推論として相対的に位置づけることにする。

　以下では、これらの推論のうち、とくに語用論的な含意がかかわる推論と照応現象の関係をみていく。

2.3　疑似論理性と間接照応

　一般に、文法を中心とする研究(とくに文-文法を中心とする研究)では、先行詞と照応詞の関係が直接的に理解できる照応の研究はかなり進められてきているが、推論がかかわる間接的な照応の研究は本格的にはなされていない。

　日常言語の照応現象のなかには、さまざまな推論のプロセスを介してはじめて、問題の照応表現の先行詞が理解される間接的な照応の例が広範にみられる。その典型例として、まず次の例をみてみよう。((1) と (2) の例は Nash-Webber (1978a：13, 1978b：48)、(3) と (4) の例は寺津 (1983：123–124) による。) [2]

(1)　a.　Each boy gave Wendy a shirt. None of [them] fit.

　　　b.　⟨[them]=[shirts]⟩

(2)　a.　Each girl in the class gave Ivan the flower she picked. He arranged

---

[2]　この種の推論がかかわる例に関しては、さらに寺津・山梨 (1978：36–39)、Terazu *et al.* (1980：37–38)、山梨 (1984：3–5, 1985：28–29)、等を参照。

[them] artfully in an empty Glenfiddach bottle.

　　b.　〈[them]＝[flowers]〉

(3) a.　その村では、今年もまたひとりの少年が家出した。
　　　　[彼ら]は都会へのあこがれを捨てることができないらしい。

　　b.　〈[彼ら]＝[その村の少年達]〉

(4) a.　太郎は、各迷路にハツカネズミを一ぴきずつ入れた。
　　　　そして、[それら]がどんな反応を示すのかを観察した。

　　b.　〈[それら]＝[ハツカネズミ（複数）]〉

　(1)－(4)の代名詞の[them]、[彼ら]、[それら]は、複数の対象を意味する代名詞であるが、これらの代名詞に直接対応する先行詞は先行文脈には存在していない。先行文脈に文字通りに存在しているのは、[a shirt]、[the flower ……]、[ひとりの少年]といった単数の名詞表現である。にもかかわらず、これらの表現の後続文脈に複数の代名詞が共起することができるのは、先行文脈の単数名詞を修飾する数量表現として[each]、[（今年も）また]、[一ぴきずつ]などの表現が存在し、これらの表現が先行文脈の命題の意味要因の一部として、[shirt]、[flower]、[少年]、等にたいし複数の概念に関する推論を可能にしている。さらにいえば、この種の複数の概念の推論のプロセスを介して、後続の代名詞との呼応が照応的に可能になっている。

　この種の推論は、数量にかかわる意味的（ないしは論理的）な推論の一種とみなすことができる。これにたいし、次の照応にかかわる推論は、純粋に意味的（ないしは論理的）な推論とはいえない（山梨 1984：3）。

(5) a.　ねずみはねこを驚かしているつもりですが、ねこは[そう]は
　　　　感じていないようです。

　　b.　〈[そう]＝[ねずみがこわい]〉

　この場合の代名詞の［そう］は、一見したところ、先行文脈の補文（P=［ね
ずみはねこを驚かしている］）に直接対応しているようにみえる。しかし、
実際には、(6) に示されるような推論によって得られる含意を先行詞とし
ている。

(6)　P：［驚かす（ねずみ、ねこ）］
　　　=*⇒ Q：［こわい（ねこ、ねずみ）］

　すなわち、［ねずみがねこを驚かす］(=P) ならば、［ねこはねずみをこわ
がる］(=Q) という推論を介して得られる含意 (i.e. ［ねずみがこわい］) が問
題の代名詞［そう］の先行詞になっている。

　(5) の場合、先行文脈の命題 P と後続の代名詞は、それぞれ［…… つも
り］、［…… ようです］という語り手の主観的な態度を反映する表現に埋め
こまれている。この種の表現は、問題の事象の観察者としての語り手の視
点に基づく表現である。したがって、ここで問題にしている推論は、厳密
には、この語り手の視点による叙述の対象の世界において成立している。[3]

　さらにいえば、ここで問題になっている推論 (i.e. ［ねずみがねこを驚か
す］(=P) ならば、［ねこはねずみをこわがる］(=Q) という推論) は、あく
まで観察者の側からの主観的な判断に基づく推論である。したがって、純
粋に文脈や話し手／聞き手の理解から独立した意味的（ないしは論理的）
な推論とはいえない。

　この種の推論が照応にかかわる現象として、さらに次のタイプの例をみ
てみよう（山梨 1985：28）。

---

[3]　語り手や書き手の主観的な態度にかかわる表現は、広い意味でのモダリティの表
現の一種とみなすことができる。照応関係を理解していくためには、このモダリティ
にかかわる要因とモダリティ以外の文の意味内容の相互関係を明らかにしていく必要
がある。モダリティその他の要因と照応関係の理解の問題に関しては、とくに 3 章で
くわしく考察していく。

(7) a.　行きつけの …… アナ場にやって来た旦那は、女房を待ちなが
　　　　ら、[それ]までにでっかいのを釣りあげて彼女を驚かしてやろ
　　　　うと糸を投げた。

　 b.　〈[それ]=[女房がアナ場にやって来る]〉

　この場合の代名詞の[それ]は、[女房がアナ場にやって来る]を意味す
るが、この後者の部分は、先行文脈には存在しない。しかし、先行文脈の
[女房を待ちながら]の部分からの推論 (i.e. P=[X が Y を待つ] ならば、Q
=[Y が来る] (ことが期待されている) という推論) のプロセスを介して、
問題の先行詞の理解が可能となる。

(8)　P=[待つ (X, Y)] =*⇒ Q：[来る (Y)]

　ただし、この (8) のタイプの推論は、あくまで主体による主観的な推論
であり、純粋に論理的 (ないしは意味的) な推論ではない。一般に、[X が
Y を待つ]という命題自体は、その論理的な性質 (ないしは意味的な性質)
からして、[Y が来る]という命題をかならずしも含意しない。したがっ
て、(8) のタイプの含意は、あくまで主体の期待にかかわる主観的な含意
の一種ということになる。
　次の照応の場合はどうか。この場合の代名詞と先行詞の照応関係の理解
にも、間接的な推論がはたらいている (山梨 1984：3)。

(9)　　ひと月に一度、化け物が山から降りてきて、町の娘をさらってい
　　　　きます。今夜は私の番なので、[それ]が悲しくて泣いているので
　　　　す。

　この例は、基本的には次のような構成になっている。まず、先行文が一
般的な言明としての大前提 (A：[毎月、一定の晩に町の娘が化物にさらわ

れる]）になっている。そして、後続文の理由節が省略をともなう「変則的」な小前提（B：[私は、町の娘であり、今晩が問題の晩にあたる]）となっており、これらの前提に基づく推論を介して、問題の代名詞の[それ]に対応する帰結（i.e. C：[今晩、私が化物にさらわれる]）が先行詞の意味内容として理解される。

　この照応の間接的な推論の基本的なプロセスは、次のようにまとめることができる。

表 1

〈三段論法的推論と照応〉
A.〈**大前提**〉：[毎月、一定の晩に町の娘が化け物にさらわれる]
B.〈**変則的な小前提**〉：[私は、町の娘であり、今晩が問題の晩にあたる]
C.〈**帰結**〉：[今晩、私が化物にさらわれる]

　この規定は、（9）の照応の基本的な関係を理解するためのインフォーマルな規定であり、厳密にいわゆる三段論法の推論のステップに一致するわけではない。（したがって、ここでは三段論法的推論ということにする。）[4]

2.4　複合的推論と間接照応

　次の場合も、複合的で変則的な推論のプロセスが照応の理解にかかわっている。[5]

---

[4]　（9）のテクストの大前提にあたる文は能動文であるが、推論のステップをしめす説明の便宜上、表 1 の大前提は、帰結とおなじように受動文の形でパラフレーズしている。この能動／受動のパラフレーズの違いは、ここで問題にしている推論の論理的なプロセスには影響はない。

[5]　この例に関しては山梨（1984：2）、類例に関しては寺津・山梨（1978：42–43）、

(1) a. チンパンジーは、ありづかの小さな穴を見つけると、近くの木の皮をはいできて、歯と手をうまく使って、長さ20センチメートルぐらいの細い棒を作ります。チンパンジーは、この棒を作るのにしなやかで強い木の皮を探します。[そう] でないと、穴にさし込む時、途中で折れたり曲がったりして、シロアリの所まで届かないからです。

b. 〈[そう]=[しなやかで強い木の皮でできた棒を使う]〉

(2) a. P=[探す (X、しなやかで強い木の皮)]

b. =*⇒ Q=[見つける (X、しなやかで強い木の皮)]

c. =*⇒ R=[作る (X、その皮、棒)]

d. =*⇒ S=[使う (X、その棒)]

　この場合の [そう] の先行詞は、一見したところ、その直前の文 (i.e. [棒を作るのにしなやかで強い木の皮を探す]) に相当するようにみえる。しかしこの文は、あくまで先行詞を理解していくための手がかりでしかない。しなやかで強い木の皮を探すこと自体が問題になっているわけではない。

　この代名詞の先行詞を、テクストのかなり表層に近いレベルで考えるならば、[木の皮がしなやかで強い] の部分を、[そう] の先行詞とみなすこともできる。この解釈をとるならば、表層レベルのテクストの整合性はたしかに保てる。しかし、木の皮がしなやかで強いこと自体が問題なのではなく、この種の皮で作った棒を使うことが、ここでは問題になっている。

　したがって、厳密にこのテクストの意味内容を考えた場合、問題の照応の理解には、つぎのような推論のプロセスがかかわっている。すなわち、この場合の先行詞の理解には、まずチンパンジー (=X) が、棒を作るのにしなやかで強い木の皮を探し (i.e. P=[探す (X、しなやかで強い木の皮)])、そのような棒を見つけた (i.e. Q=[見つけた (X、しなやかで強い木の皮)])

Terazu *et al.* (1980：37–38)、千葉・稲田 (1984：82–83) を参照。

ならば、その皮で棒を作る (i.e. R=[作る（X、その皮、棒)]) というすくなくとも二段がまえの推論のプロセスがかかわっている。

さらにいえば、この場合の照応の理解には、(2) に示されるように、問題の先行文脈から［チンパンジーがしなやかで強い木の皮を見つける］という中間的な推論プラス［その皮で棒を作る］という次のステップの推論を介し、さらに［そのしなやかで強い木の皮でできた棒を使う］という含意が誘引され、この最後の含意が、問題の代名詞の先行詞として理解されることになる。

この点で、(1) のテクストにかかわる推論は、これまでの例にくらべ、より複合的な推論がかかわる照応の例といえる。

以上にみた照応の他に、次のような照応の理解にも、主体の主観的な態度にかかわる語用論的な推論が関係している。((3)は山梨（1984：1)、(4)は Terazu *et al.*（1980：37–38）による。)

(3) a. 勝右衛門あらしのようなことが起こるのは、遠くから漁に出かけてくるので、少しでも多くかせごうと無理をするためだろう。漁場の近くに港がほしい。対馬に新しい村を作って住めばいいのだ。しかし、願い出ても、長い間、よそ者を受け付けなかった対馬では、［それ］を喜ばず許可しなかった。

    b. 〈[それ]=[漁場の近くに港をつくること]〉

    c. 〈[それ]=[対馬に新しい村を作って住むこと]〉

(4) a. 朝のテレビ番組で、三船敏郎さんが自分で俳優養成所をつくったいきさつについて話していた。どういう気持をこめて役者をつくっていくのですかというアナウンサーの質問に、「どうもこうもない。［他人様に会った時に、きちんと挨拶ができないような役者じゃ困る］から、［そう］なるように教えてやろうというだけのことです。」と答えた。

    b. 〈[そう]=[他人様に会った時に、きちんと挨拶ができる役者]〉

　(3a) の [それ] の先行詞の解釈としては、(3b)、(3c) の二つの解釈が可能である。この場合、文脈から判断して (3b)、(3c) のどちらの解釈が適切かの判断は下しにくい。しかし、いずれの解釈にせよ、問題の代名詞の [それ] の理解が先行文脈から直接になされるわけではない。強いて比較するならば、(3c) のほうが問題の代名詞とより直接的に対応しているようにみえる。この場合に問題になるのは、先行文脈の [対馬に新しい村を作って住めばいいのだ] の部分であるが、代名詞の [それ] が対応するのは、この部分の全体ではなく、この文脈から書き手の主観的な態度をあらわしている表現 (i.e. […… ばいいのだ]) をのぞいた部分である。

　もうひとつの先行詞の理解、すなわち (3b) の先行詞の理解 ([漁場の近くに港をつくること]) のほうがさらに間接的である。[漁場の近くに港をつくること] は、先行文脈の文 ([漁場の近くに港がほしい]) に直接に対応するのではなく、命題的態度をしめす動詞 (i.e. [ほしい]) をふくむ先行文 (i.e. [P=ほしい (X, Q (= 漁場の近くに港をつくる)]) から推論される含意 (P =*⇒ Q) を介して間接的に理解される。

　この種の含意は、文脈や主体の主観的な態度にかかわって誘引される含意であるという点で語用論的な含意である。したがって、(3b) の解釈の場合には、語用論的な推論のプロセスが先行詞の理解にかかわっていることになる。

　同種の推論は、先行文脈に主体の主観的な命題的態度の動詞 ([困る]) をふくむ (4) の例に関してもあてはまる。この場合には、[X ができなくては困る] ならば、[X ができるように教育する] という語用論的な推論を介して、問題の照応関係の理解が可能になる。[6]

---

[6]　推論がかかわる間接的な照応の例としては、さらに次の例も参考になる (寺津・山梨 1978：43)。

　(i)　子供がいなければ、夫婦げんかはないですね。勝負は子供がどちらにつくかで決まります。うちが [そう] だからというわけじゃないが、父親は孤立します。

　(ii) ⟨[そう]=[(夫婦げんかのときに) 子供が母親につく]⟩

2.5　言語外的知識と推論照応

　日常の言葉の理解は、実際の具体的な文脈や場面のなかでかなり直観的におこなわれている。したがって、照応がかかわる談話やテクストを理解する場合にも、問題の照応形の先行詞が、直観的に理解できていると思うのが普通である。しかし、以上の具体例からも明らかなように、実際の照応の理解には、話し手の主観的な態度を反映するさまざまな要因や語用論的な推論がかかわっている。

　文や談話・テクストを特徴づける情報は多様である。この種の情報のなかには、問題の文や談話・テクストの背景的な知識にかかわる情報によって間接的に誘引される情報もふくまれる。この点は、つぎの対話から明らかになる。

（1）A：午後の新幹線？
　　　B：伊丹からです。

（三浦浩『京都大学殺人事件』：84）

　これは、関西から上京してきた知り合い（A、B）が偶然に出合った場面での対話である。この対話は簡略化されており一見したところかなりの飛躍がある対話にみえるが、AとBの背景的な知識を念頭におくならば自然に理解できる。この場合、Aの質問の部分（i.e. Bが上京するのに午後の新幹線を利用したのかを尋ねている部分）は、省略をともなう断片的な発話であるがすぐに理解できる。しかし、Bの応答の部分は、この対話者の間の背景的な知識がなければ理解できない。Bの発話は、［伊丹には空港が

　この場合の代名詞の［そう］の先行詞は、この代名詞の前後の文脈に直接には存在していない。この場合の先行詞は、問題の代名詞の前後の文脈（i.e.「勝負は子供がどちらにつくかで決まります」/「父親は孤立します」）からの語用論的な推論に基づいて間接的に理解される。

あり]、[上京する交通手段の一つとして飛行機が使われる]といった対話者の間の事実の了解とこの種の背景的な知識に基づく常識的な推論を介してはじめて自然に理解される。

この対話の例には、照応は直接にはかかわっていないが、言語外の背景的な知識やこれに基づく語用論的な推論が、言葉の理解にいかにかかわっているかを示す一例として参考になる。

言語外の知識や語用論的な推論から引き出される情報は、かならずしも言葉を理解する主体に意識されているとはかぎらない。主体は、無意識のうちにこの種の潜在的な情報をくみとりながら、言葉の柔軟な理解をおこなっている。

次の MOTHER の発話の代名詞の [it] を考えてみよう。

(2) FATHER: Want to hear my scheme?
　　 MOTHER: Tell me. if you like [it].

　　　　　　　　　　　　　（S. Anderson, *The Triumph of the Egg*: 121）

この代名詞 [it] の先行詞は、前の FATHER の発話には直接には明示されていない。しかし、FATHER の発話 [Want to hear my scheme?] からは、語用論的に [I will tell you about my scheme if you want to hear my scheme] が語用論的に含意される。そして、この含意から、さらに [I tell you about my scheme] が含意され、この後者の含意が最終的に MOTHER の発話の代名詞 [it] の先行詞として理解される。

語用論的な推論による照応の例としては、さらに次のような対話が考えられる。

(3) A（子供）：尾道のおじさん達待ちどおしいなあ！
　　 B（母親）：じゃあ、[それ] までにおうちのお掃除を済ませましょうね！

　この場合、A の代名詞 [それ] の先行詞は、意味的には [尾道のおじさん達がくる] に対応するはずであるが、A の先行文脈にはこれに相当する先行詞は存在していない。しかし、この先行詞に相当する部分は、A の発話（[…… 待ちどおしい]）からの語用論的な推論 [i.e. 待ちどおしい（X、おじさん達)=*⇒来る（おじさん達)] から得られる含意に基づいて理解される。

　一般によく問題にされる照応現象は、代名詞と先行詞の関係が先行文脈の形式的な手がかりや意味内容から直接的に理解できる直接照応の例であり、推論にかかわる要因とは関係なく問題の照応関係が理解される例にかぎられている。しかし、以上の例にみられるように、実際の具体例のなかには、話し手や書き手の主観的な態度やモダリティの要因、言語外の背景的知識や一般的知識に基づく語用論的な推論がかかわる照応の例が広範にみられる。（本章で問題にした文の主観性やモダリティと照応の問題、一般的な知識に基づく語用論的な推論と照応の問題については、さらに 3 章以下で詳しく考察していく。）

3　談話・テクストの主観性と照応

3.1　はじめに

　一般に、照応関係を理解していく場合、状況や場面などの言語外の情報
にも注目するが、まず問題の照応の前後関係を特徴づけている言語表現の
形式的な手がかりや問題の照応にかかわる言語文脈に注目する。しかし、
照応の理解の手がかりになると思われる言語形式や言語文脈それ自体の理
解も、文の基本的な意味内容を特徴づける修飾表現やテンス、アスペクト
さらには命題にたいする話し手や書き手の主観的な態度を反映するモダリ
ティの要因によって左右される。
　したがって、一見したところ照応の先行文脈が明示されているようにみ
える文でも、文の基本的な意味内容とテンス、アスペクト、モダリティ、
等の要因の相互関係を考慮しないかぎり、問題の先行詞の認定が適切に規
定できない例も広範に存在する。この種の要因は、語用論的な推論がかか
わる間接照応の問題にも密接にかかわっている。
　本章では、とくに語用論的な推論と話し手や書き手の主観的な態度を反
映するモダリティ、テンス、アスペクトの要因がかかわる照応の問題を考
察していく。

3.2　モダリティと照応

　まず、モダリティが照応にかかわる例として、次の対話を考えてみよ
う。

　A：彼は出馬するみたいだ。

　B：うん、どうも［そう］だな。

　この対話では、Bの照応形の［そう］は、先行文脈を構成するAの発話の［彼は出馬するみたい］の部分を指しており、この場合にはあきらかに可能性、予測、推測などの意味を特徴づけるモダリティの表現（［（……）みたい］）をふくむ［彼は出馬するみたい］の部分が照応形［そう］の先行詞になっている。

　しかし、照応の先行詞の認定が、つねにモダリティの表現をふくむ先行文脈との関連で一律になされるわけではない。次の (1)–(3) のタイプの例の場合にはどうか。

(1) a.　A：景気がよくなる ｛みたいだ／ようだ／らしい／そうだ｝ よ。

　　　　B：［そう］かなあ？

　　b.　〈［そう］=［景気がよくなる］〉

(2) a.　娘は家出するつもりらしいが、［それ］は絶対許さん。

　　b.　〈［それ］=［娘が家出する（こと）］〉

(3) a.　昔の親しい友達と話でもしたら本音を言うだろう。でも、［それ］だけは避けようと思っていた。

　　b.　〈［それ］=［本音を言う（こと）］〉

　一見したところ、これらの例の場合にも、モダリティの表現の部分をふくむ先行文脈全体が、照応形の先行詞に相当するようにみえる。しかし、実際に照応形の［そう］ないしは［それ］が意味するのは、モダリティの部分をのぞいた先行文脈の部分である。すなわち、(1)–(3) の照応形の先行詞は、モダリティの表現（(1)［…… みたいだ／ようだ／らしい／そうだ］、(2)［…… つもりらしい］、(3)［…… だろう］）の部分は除外した命題内容の部分（(1)［景気がよくなる］、(2)［娘が家出する（こと）］、(3)［本音を言

う（こと）］に相当する。[1][2]

　以上の例では、可能性、予測、推測などの意味を特徴づけるモダリティ
と照応が問題になるが、次の例では、主体の意志、意図性がかかわるモダ
リティと照応の関係が問題になる。

(4)　　いついつまでに、これこれのものを書かなくてはいけない。［そ
　　　　う］思うと、それが妙に負担になる。

　　　　　　　　　　　　　　　　　　　（外山滋比古『文章を書く心』：17）

　(4) の場合には、代名詞の［そう］は、モダリティの表現をふくむ先行文
(i.e. ［…… これこれのものを書かなくてはいけない］) 全体を先行詞として
いる。
　これにたいし、次の (5)、(6) の例の場合には、モダリティの部分は問
題の照応関係にはかかわっていない。

---

[1]　(1)－(3) の例では、とくにモダリティを特徴づける助動詞の表現がかかわってい
る。照応の認定には、さらにモダリティに関係する文末の終助詞や間投助詞も考慮す
る必要がある。

　(i)　A：この着物いい<u>わよねえ</u>。
　　　　B：［そう］ね。
　(ii)　A：来年はきっといい年になる<u>よな</u>。
　　　　B：［そう］とも。

これらの対話における代名詞の［そう］は、文末の終助詞や間投助詞の表現を除いた
部分と照応関係にある。

[2]　次の対話の照応も、以上のタイプの照応の類例とみなされる（喜田 1992）。

　(i)　A：太郎が複合動詞の研究を始めたらしい。
　　　　B：誰から［それ］を聞いたの？
　(ii)〈［それ］＝［研究を始めたこと）]〉

(5) a.　富士にたの<u>もう</u>。突然 [それ] を思いついた。

（太宰治『富嶽百景』：63)

　　 b.　〈[それ]=[富士にたのむ（こと)]〉

(6) a.　今にして思うと、夫には少年から青年への時期を質朴な土地、環境で過ご<u>させたいという 願望があったのだ</u>。自分が [そう] であったようにわが子もと考えたのだろう。頑張って母さんの不安を吹きとばしておくれ、と祈る思いで独楽の紐を懐に入れる。

（西岡まさ子『緒方洪庵の妻』：156)

　　 b.　〈[そう]=[少年から青年への時期を質朴な土地、環境で過ごした]〉

　(5) の [それ] が照応的に呼応しているのは、意志のモダリティの表現（[…… う]）をのぞいた命題内容の部分（i.e. [富士にたのむ（こと)]）である。同様に、(6) の [そう] に相当するのは、主体の主観的な態度を表現している […… せたいという願望があったのだ] の部分をのぞいた先行文脈の一部（i.e. [少年から青年への時期を質朴な土地、環境で過ごした]）である。[3]

　照応現象と主体の主観的な態度のかかわりは、さらに次のような条件表現における仮定のモダリティと照応の関係にもみられる。

(7)　　親鸞：そうとも。そうとも。人間の心にもし浄土のおもかげがあ

---

[3]　次の例の代名詞（[それ]）も、単純に先行文脈の第一文を指しているとはいえない。

　　二人はおそらくその時、理性を越えて、互いに飛びつきあい<u>たかったのに違いありません</u>。だが、[それ] をしなかったというところに、むしろ我々の今日までの愛情の形式があったように思われます。　（中河与一『天の夕顔』：37-38)

この場合の [それ] は、やはり第一文の主体の主観的な態度を表現する副詞表現（e.g.「おそらく」）や意志や願望を表現する文末の表現（e.g.「…… たかったのに違いありません」）などのモダリティの部分を除いた命題内容と照応的に呼応している。

るならば、［それ］はまさしく許した時の心のすがたであろう。

（倉田百三『出家とその弟子』：205）

(8) a.　I would appreciate [*it*] if you *could* agree to my plan.

　　b.　We would have appreciated [*it*] better *if* you had stayed with us one more week.

　　c.　I would appreciate [*it*] greatly *if* you *could* lend me some of your books on linguistics.

　(7) や (8) のタイプの条件表現の前件は、あくまで仮定された可能世界において問題の命題によって規定される事態が成立することを問題にしている。したがって、後件の照応形の［それ］や［it］は、単に統語的に先行している前件の条件表現それ自体と照応関係にあるのではなく、前件に示されている可能世界で問題の事態が成立した場合のその仮定上の事実と照応関係にある。したがって、これらの条件表現の照応形は、あくまで前件の仮定のモダリティ（［もし …… ならば］、[if ……]）を手がかりに推論される仮定上の事実（(7)［人間の心に浄土のおもかげがある］、(8a)［You agree to my plan］、(8b)［you stayed with us one more week］、等）と間接的に照応関係にある。

　モダリティと照応現象の問題としては、さらに語用論的な含意と照応の認定の問題、発話行為と遂行的照応の問題などが考えられる。（この種の問題に関しては、さらに 4.5 節と 4.6 節を参照。）[4]

---

[4]　次の例の場合にも、照応の解釈にモダリティの要因がかかわっている。

　(i)　若い娘がな、旅の行きずりの男をそんなに気安く誘っちゃいけないよ、もし悪い男だったら、どうするんだ。［そう］だろう。

（映画：『男はつらいよ・翔んでる寅次郎』、1979）

　(ii)「結局、このスパーリングで堀畑は何も学ばなかったわけじゃない。駄目だよ、［それ］では」「［そう］かもしれない」「いや、かもしれないじゃなくて、［そう］なんだ。」

（沢木耕太郎『一瞬の夏』：74）

3.3　テンス・アスペクトと照応

　照応形と先行詞の認定には、テンスやアスペクトの問題も密接にかかわっている。次の例をみてみよう。

（1）a.　そちらに行くことがあるから、[その] 時お目にかかってお話ししましょう、と返事がしたためてありました。

(中河与一『天の夕顔』：14)

　　　b.　〈[その（時）]=[そちらに行った（時）]〉

　（1）の照応形の [その] は、形式的には先行文脈の [そちらに行く] を指しているようにみえる。しかし、（1）のテクストが記述している時間の前後関係からみて、問題の照応形がかかわる「[その] 時」という表現は、過去のテンスによって示される [そちらに行った]（時）を意味する。

　この種の事実は、テンスがかかわる照応現象の場合には、照応形の先行文脈の形式的な手がかりだけではなく、時間の前後関係に関する推論を介して照応形と先行詞の関係が理解されることを示している。

　（1）の場合には、照応形に過去のテンスがかかわっている。次の例はどうか（喜田 1992）。

（2）a.　A: どうしてフランスへ行ったの？

　　　　　B: [それ] が長年の夢だったのさ。

(i)の代名詞がかかわる部分（「……[そう] だろう」の部分）は、修辞疑問のモダリティに基づく主観的な推論がかかわっている (i.e. [そう]=[どうすることもできないだろう]、だから⟹[困る]、だから⟹[（若い娘が）気安く誘っちゃいけない])。

　また、(ii)の代名詞の [それ] は、[このスパーリングで堀畑は何も学ばなかった（こと）]、後続の [そう] は、[このスパーリングで堀畑は何も学ばなかったのでは駄目] の部分と照応的に呼応している。

　　b.〈[それ]=[フランスに行く（こと）]〉
　　　〈cf. [それ]=／=[フランスに行った（こと）]〉

　形式的にみるならば、この場合の [それ] の先行詞は、過去のテンスが
かかわる [フランスに行った（こと）] に相当するようにみえる。しかし、
この場合の照応形の [それ] は、過去のテンスを捨象した言明（i.e.［フラ
ンスに行く（こと）]）を意味する。
　以上は、テンスと照応の問題であるが、次のタイプの照応にはテンスだ
けでなくアスペクトが関係している。この場合、厳密に照応関係を規定し
ていくためには、やはり基本的な意味関係を示す命題のレベルとテンス、
アスペクトのレベルを区別する必要がある。

（3）a.　Ａ：突然、雨が降り<u>だした</u>んだ。
　　　　Ｂ：どうして、[それ] が予測できなかったの？
　　b.　〈[それ]=[雨が降る（こと）]〉
（4）a.　昔の親しい友達と話でもしたら本音を言って<u>しまう</u>。でも、
　　　　[それ] だけは避けようと思っていました。
　　b.　〈[それ]=[本音を言う（こと）]〉

　（3）の照応形の[それ]は、厳密には過去のテンスをふくむ[雨が降った]、
始動相のアスペクトをふくむ [雨が降りだす]（あるいはテンス、アスペク
トの両方をふくむ[雨がふりだした]）のいずれでもなく、これらのテンス、
アスペクトを捨象した部分（i.e.［雨がふる（こと）]）を意味する。
　（4）の場合の照応の解釈は厳密には曖昧である。この場合の [それ] が照
応的に呼応する先行詞は、[本音を言う（こと）] の部分と [本音を言ってし
まう（こと）] のいずれの解釈も可能である。しかし、すくなくとも前者の
解釈の場合には、あきらかに終動相ないしは完了相のアスペクトを除いた
部分が、問題の照応形の先行詞になっている。

3.4 ヴォイス・否定と照応

　一般に、あるイヴェントを能動態で表現するか受動態で表現するかは、その談話文脈で行為の主体と行為の影響をうける対象のどちらが話題になっているかによって決められる。しかし、このような個々の談話文脈を捨象しそのイヴェントをプロトタイプ的にみる場合には、ヴォイスとしては能動態で解釈するのが自然である。

　このヴォイスの問題は、次のような照応の理解にも関係している。

(1)　A：娘さんは太郎さんに求婚されますよ。

　　　B：なに、あんな男に？ [それ] は許さん！

(2)　〈[それ]=[太郎が娘に求婚する（こと）]〉[5]

　(1) の談話文脈では、娘が話題になっているために、A の発話は受動態の文になっている。しかし、この文で伝えられている命題内容を一般的に解釈する場合には、B の発話のように、表層レベルの表現が受動文の統語形式として実現されているかどうかに関係なく、[主体（Actor）−行為（Action）−対象（Goal）] のプロトタイプとしての能動態として解釈されるのが自然である。この事実は、照応の解釈は、意味的にはヴォイスの実現のしかたとは独立になされることを示している。

　否定と命題の関係は、照応の解釈にどのようにかかわっているか。否定は、モダリティ、テンス・アスペクト、ヴォイスなどの要因よりは、命題の内部構造に密接にかかわっている。したがって、照応形の先行詞が否定をふくむ意味内容と照応的に呼応する例はかなり広範にみられる。その一例としては、次のような照応が考えられる。

---

[5]　この場合の代名詞の [それ] の先行詞は、[太郎が娘に求婚する（こと）] としているが、[結婚] それ自体をさしていると解釈することもできる。

（3）　a.　　A：太郎は病気では<u>ない</u>と思う。[6]

　　　　　　B：僕も［そう］思う。

　　　b.　　〈［そう］＝［太郎は病気ではない］〉

（4）　a.　　A：I think that John is <u>not</u> sick.

　　　　　　B：I think［so］, too.

　　　b.　　〈［so］＝［John is not sick］〉

　しかし、次に示されるように、先行文脈に否定の表現がかかわっているにもかかわらず、後続の照応詞が、先行文全体として解釈されるのではなく、その文から否定を除いた部分が先行詞として解釈される例も存在する。

（5）　a.　　'You mustn't put off what you think right,' said Hamidullah. '［That］ is why India is in such a plight, because we put off things.'

　　　　　　　　　　　　　　　　　　　（E.M. Forster, *A Passage to India*: 37）

　　　b.　　〈［That］＝［You put off what you think right］〉

　（5）の場合、照応形の［that］に相当する先行詞は、否定辞をふくむ［You mustn't put off what you think right］ではなく、［You put off what you think right］の部分である。

　同様に、（6a）の日本語の［それ］は、ｂに示されるように、やはり先行文脈の否定表現の部分（i.e.［…… などやるものか］）を除外した命題内容

[6]　この対話のＡの台詞は、「太郎は病気だとは思わ<u>ない</u>」のように、パラフレーズすることもできるが、この台詞にたいしＢが「僕も［そう］思う」と答えた場合、問題の［そう］は、Ａの台詞の［太郎は病気では<u>ない</u>］をさす。したがって、この場合には、問題の代名詞の［そう］の先行詞は、先行文脈からは直接には予測できない。この場合の［そう］は、むしろＡの台詞の深層レベルの否定辞をふくむ命題内容と間接的に呼応することになる。

の部分と照応的に呼応している。

(6) a. 今に見ておれと、久子は思ったことがある。寝たきり老人に
　　　　　なってオムツが必要になっても、何日も何週間も絶対に取り替
　　　　　えてなどやるものか ……。彼女自身の人生を思えば、[それ]
　　　　　ではあまりにも惨めだ。

　　　　　　　　　　　　（森 遙子『TOKYO 発　千夜一夜』（第十九話）
　　　　　　　　　　　　朝日新聞（夕刊）、1991. 3. 26)

　　　b. 〈[それ]=[寝たきり老人になってオムツが必要になったら、毎
　　　　　日取り替えてやる]〉

　以上は、かなりグローバルなテクストの例であるが、先行文脈の否定
を除いた部分が、問題の照応形の先行詞となり得るという事実は、さら
に次の例によって確かめられる。((7) と (8) は Lakoff (1970：152)、(9)
と (10) は喜田 (1992) の指摘による。)[7]

(7) a. John didn't marry Mary, although the fortune teller had predicted
　　　　[it].
　　　b. 〈[it]=[that John would marry Mary]〉
(8) a. It is believed that Sally is not cruel to animals, but I wouldn't put [it]
　　　　past her.
　　　b. 〈[it]=[that Sally is cruel to animals]〉

---

[7]　否定辞と照応の例としては、次の文も興味深い (Lakoff 1972：644)。

(i) The man who doesn't expect [it] will be elected.
(ii) 〈[it]=[he will be elected]〉

(i)の文の場合の代名詞の[it]は、否定をふくむ関係節をのぞく(ii)の命題内容 (i.e. [he will be elected]）と照応関係にある。

(9) a.　A：太郎は喧嘩をしたけど相手を殴らなかったんだって。

　　　　B：[それ] で怪我でもさせると大変だからね。

　　 b.　〈[それ]＝[相手を殴る（こと）]〉

(10) a.　結局、正雄は例のホステスと結婚しなかったんだって。両親が
　　　　どうしても [それ] を認めなかったんだとさ。

　　 b.　〈[それ]＝[ホステスと結婚する（こと）]〉

　ただし、これらの例の照応形の [it] ないしは [それ] の先行詞は、先行
文脈の問題の命題内容から否定をのぞいた部分であるというのは、かなら
ずしも正確ではない。たとえば、(7) や (9)、(10) の照応形の問題の先行
文脈は過去のテンスになっているが、この場合、照応形と意味的に呼応
するのは未来のテンスないしはテンスに関し中立的な命題内容の部分であ
る。[8]

3.5　モダリティと推論照応

　次の例の照応詞の先行詞は、一見したところ、照応詞に先行する [ ] の
部分に相当するように考えられる。しかし、実際には、この部分にかかわ
るモダリティを考えないかぎり、問題の先行詞の意味内容を適切に理解す
ることは不可能である。

(1)　　佐藤氏はなんとか [社用にかこつけて葬儀を欠席できない<u>ものか</u>]
　　　と考えてみた。しかし、なにしろ叔父は実の弟なのだから、[そ
　　　う] もできまい。それでしぶしぶ式に参列することにした。

(2)　　[初対面のあなたにかんしゃく玉を破裂させることに<u>ならないだ
　　　ろうか</u>] と、[それ] が実は心配だったのです。まあ、それさえ覚

---

[8]　(10)のタイプの代名詞の[それ]の先行詞を[結婚]とするか[…… 結婚する（こと）]
と解釈するかは問題にしない。ここでは、これらのどちらのパラフレーズも先行詞の
候補として認める。（先行詞のパラフレーズの問題に関しては、さらに注 12 を参照。）

悟しておいてくれるなら、話すのにやぶさかではありませんが。

(3)　今日、新しいマンションを見つけたよ。勉強部屋の窓からK中
　　　学の時計台が見え、身がピリッと引き締まったよ。［この際思い
　　　きって引っ越したら<u>どうだろう</u>]。君も［それ］を考えていたんだ
　　　ろう。

(4)　犯人は人間とは限らない<u>でしょう</u>。［猫<u>かもしれません</u>]。［それ］
　　　なら犯人でなくて犯猫<u>でしょう</u>。あるいは［犬<u>かもしれません</u>]。
　　　［その］場合は犯犬<u>でしょう</u>。犯犬といえば、あの作家のハンケン
　　　はどうなるのでしょう。

　たとえば、(1)、(2) の場合、先行詞にかかわる［　］の部分は、論理的
にはP∨Not-Pの選言的な意味内容を内包する否定疑問文であり、その形
式をみるかぎり、照応形が問題とする意味内容 (i.e. P：(1)［…… 社用にか
こつけて葬儀を欠席する（こと)]、(2)［…… 初対面のあなたにかんしゃく
玉を破裂させる（こと)]）を、統語レベルにおいて直接的に認定すること
はできない。

　同様に、(3)、(4) の場合、照応形が問題とする意味内容（P：(3)［……
引っ越しする（こと)]、(4)［…… 猫／犬であると判明する（こと)]）は、
形式的にはその一部が先行文脈にあらわれているが、この種の先行詞
の理解は、厳密には先行文脈において問題の意味内容 (i.e. P) の可能性
(possibility) を指摘する言語行為にともなう語用論的な含意を介してなさ
れるものと考えられる。[9]

---

[9]　この種の照応関係を規定するためには、モダリティと語用論的な推論がかかわる
命題と発話の遂行レベルの関係を明らかにする必要がある。とくに後者の語用論的な
推論の規定には、情報の伝達にかかわる一般的な格率（(i) 量の格率 =［必要かつ十分
な情報の提示]、(ii) 質の格率 =［真実性のある情報の提示]、(iii) 関連性の格率 =［関
係のある情報の提示]、(iv) 様態の格率 =［明確、簡潔な情報の提示]）(cf. Grice 1975)
がひとつの手がかりになる。
　この点から (1)–(4) の例を検討した場合、まず (1)、(2) の先行文脈は、上で問

3.6 遂行的照応—モダリティと発話行為

　以上の照応現象には、談話レベルの間接的な発話行為を特徴づける語用論的な含意がかかわっている。しかし、これらの例では、発話行為それ自体が照応関係に直接にかかわっているわけではない。

　これにたいし、問題の発話行為それ自体が照応の指示対象になる場合もある。次の例を見てみよう。

(1)　A：今度のクリスマスには必ず新車を買ってあげよう。
　　　B：［それ］はどうも。
(2)　A：どうしてこんな貧しい境遇に生まれてきたんだろう。
　　　B：親にでも聞いてみたら。
　　　A：［それ］はひどい。
(3)　A：実はここだけの話、課長は大正生まれだよ。
　　　B：……
　　　A：失礼、［いまの］はなかったことにしてください。
(4)　A：やはり、阪神タイガースとあの政党は絶対だよ。
　　　B：……
　　　A：いや［いまの］は取り消し。

　(1) の場合、B の発話の［それ］は、一見したところ、A が購入する新車

題にした選言的な意味内容 (i.e. P ∨ Not-P) のうち、命題内容の「否定」の可能性 (Not-P) の部分を疑問文の形にしているだけであり、(i) の量の格率に違反している。したがって、この違反の解消にあたっては、表層レベルに言語化されていないもう一方の選言内容 (P) の可能性が語用論的に誘引される。

　また (3)、(4) の場合、先行文脈は問題の意味内容の可能性だけを表現しているという点で、やはり (i) の格率に抵触している。したがって、これらの例では、談話レベルにおける (i) の格率の違反とこの違反の解消の過程で誘引される含意関係を介して、問題の先行詞と照応形の間になりたつ照応関係が理解されるものと考えられる。

を指示しているようにみえるが、実際には、A の発話によって遂行される約束の発話行為自体を指している。また、(2) の A の発話の [それ] は、B の発話を特徴づける一次的な発話行為、ないしはこの一次的な発話行為を介して誘引される皮肉のたぐいの発語媒介的な行為を問題にしている。

(3)、(4) の [いまの] という表現は、いわゆる照応表現というよりは、[いま言ったこと／いま述べたこと] (ないしは [いまの台詞]) の簡略表現とみることも可能である。しかしこれはあくまで、ことばの表層レベルにおける先行詞の解釈の一面である。ことばのパフォーマンス的な側面 (ないしは語用論的な側面) からみるならば、この簡略表現は、問題の A の最初の台詞で遂行される陳述や断定のたぐいの発話行為それ自体と照応的に呼応していると解釈することも可能である。

ただし、このような照応関係が成立するとしても、問題の発話行為それ自体が取り消されるわけではない。たとえば、(3) の A の後半の台詞において、「失礼、[いまの] はなかったことにしてください」と言ったとしても、前半の「実はここだけの話、課長は大正生まれだよ」という台詞によって遂行された発話行為それ自体は成立しており、その成立した行為自体を取り消すことは不可能である。同様の点は、(4) の例にもあてはまる。[10]

---

[10]　疑問の行為ないしは疑問文の命題内容が、代名詞と照応関係にある例も存在する。

(i) Kitty, can you play chess? Now, don't smile, my dear, I'm asking [it] seriously.
(Lewis Carroll, *Through the Looking-Glass*: 128)

(ii) 'Doesn't she like Wilson either?' The answer to [this] was unexpected. It came from Myrtle, who had overheard the question, and it was violent and obscene.
(F. Scott Fitzgerald, *The Great Gatsby*: 35–36)

(i) の場合の [it] は、先行文脈の疑問文の命題内容 (i.e. [whether you can play chess (or not)])、(ii) の [this] は、先行文脈の疑問の行為そのものと照応関係にある。

3.7　発話の力と間接照応

　上でみた照応関係の理解には、問題の先行文を支配している発話行為の遂行的な側面が問題になる。これにたいし、問題の発話それ自体ではなく、その発話から誘引される発話の力（ないしは発語媒介的な力）が照応関係の理解の際に重要な役割をになう例も考えられる。[11]

　たとえば、次の例では、修辞疑問の発話の力が照応とかかわっている。

(1) a.　A：彼がそんなことをすると思う？
　　　　B：［そう］だよな！
　　b.　〈［そう］=［彼がそんなことをするはずがない］〉

　(1) のAの発話は、その発話自体は疑問文である。しかし、Bとの対話文脈で解釈した場合、この発話は単なる疑問文とはみなされない。この対話文脈では、Aの発話はむしろ修辞疑問文（rhetorical question）として機能している。すなわち、Aは、彼がそんなことをするかどうかを疑問文の形でBに問いながら、この疑問の発話を介して、自分の意見（i.e. ［彼がそんなことをするはずがない］という意見）をBに間接的に伝えている。

　Bの代名詞の［そう］は、照応的にはこの修辞疑問によって含意される意味内容と間接的に呼応している。[12]

---

[11]　ここで問題にしている発話の力と発語内的な力の定義に関しては、Austin (1962)、山梨 (1986)、等を参照。

[12]　次の (i)、(ii) の例も、解釈によっては間接的な照応の認定のプロセスがかかわっている。(i) の場合、［それ］は、先行文脈の疑問文（i.e. ［婚約者のことをどう思っているのか］）と照応関係にあるという解釈も可能である。しかし、内容的には、(i) のbに示されるように、問題の代名詞の［それ］は、この疑問文によって遂行される質問を通して得られる答（i.e. ［婚約者に関し思っていること］）と間接的に照応しているという解釈も可能である。

　この種の間接的な照応は、次の例にもみられる。

　(2)　a.　ここをはなれて、わたしは生きていけるだろうか、おかあさん
　　　　　のりゅうは［そう］おもいました。

　　　　　　　　　　　　　　　　　（松谷みよ子『龍の子太郎』：122）

　　　　b.　〈［そう］＝［生きていけない（だろう）（と）］〉

　形式的にみるならば、(2) の代名詞の［そう］の先行詞は、先行文脈の
「ここをはなれて、わたしは生きていけるだろうか」という疑問文そのも
のを指すという解釈もあり得る。しかし、内容的には、この場合の代名詞
の［そう］は、この疑問文（i.e.「ここをはなれて、わたしは生きていける

(i) a. 婚約者のことをどう思っているのか、率直に話してくれ、［それ］を聞いたか
　　　らと言って、僕の考えは変わりはしないが……。
　 b. 〈［それ］＝［婚約者に関し思っていること］〉
　　　　　　　　　　　　（小川国夫『悲しみの港』(222) 朝日新聞（夕刊）、1992. 8. 1）
(ii) a. 「わたしの、何処が不満なのだ」と彼はやがて妻にたずねる。妻は夫を見て
　　　答える。「それがおわかりにならないから、イヤなんです」
　 b. 〈［それ］＝［自分の何処が不満なのか］〉
　 c. 〈［それ］＝［自分（i.e. 夫）の欠点］／［妻が何を不満と思っているか］／［妻が
　　　夫にたいしてもっている不満］〉
　　　　　　　　　　　　　　（遠藤周作『万華鏡』朝日新聞（朝刊）、1991. 11. 24）

(ii) の場合の［それ］の先行詞の解釈も一律にはパラフレーズできない。一つの解釈
としては、b のように、先行文脈の一部（i.e.［自分の何処が不満なのか］）に対応する
という解釈も可能である。しかし、c のように、夫に関する妻の不満ないしは欠点の
内容をパラフレーズした部分が、［それ］の先行詞とみなされる解釈も可能である。（c
は、パラフレーズの可能性の一部であり、これらの候補のどれかが絶対に正しいとい
うわけではない。）
　しかもこの場合、b と c のどちらかが先行詞の解釈として間違っているということ
ではない。むしろ、両者は内容的に関連しており、b のレベルの質問の内容をさらに
具体的に踏み込んで問題にしているのが c のタイプの先行詞の解釈ということもでき
る。

だろうか」）から誘引される含意 (i.e. ［生きていけない（だろう）］) と照応
関係にあるといえる。

　修辞疑問文の発話は、間接的な疑問の発話行為の一種とみなすことがで
きる。しかし、この種の疑問の発話の解釈は、前後に具体的な文脈がなく
ても、その疑問文のイントネーションやピッチその他の手がかりによっ
て、かなり慣用的に修辞疑問としての意味を自然に解釈することができ
る。したがって、このタイプの発話が関係する照応の理解はそれほどむず
かしくはない。[13]

　次の場合には、より文脈に依存した推論が照応関係の理解にかかわって
いる。

(3) a.　女房はもう堪らなくなって、あれ盗人が餅を持って行くと、大
　　　　きな声でわめきました。今まで辛抱していた亭主はやっと口を
　　　　開いて、餅はもうおれの物だと、どなったそうであります。な
　　　　んと、皆さん、泥棒が［それ］を承知したでしょうか。どうで
　　　　しょうか。

---

[13]　次の例の場合にも、問題の代名詞の先行文脈は疑問文の形をとっている。しか
し、この場合の代名詞は、疑問文そのものではなく、(i)、(ii) の b の例に示されるよ
うに、この疑問の発話を介して含意される肯定の命題内容と照応関係にある。

(i) a. そこにおける祭祀は記録すべからざるものと了解されていたのだろうか。［そ
　　　う］とも考えないかぎり、記録上の欠落を説明することはできない。
　 b. 〈［そう］＝［そこにおける祭祀は記録すべからざるものと了解されていた]〉
　　　　　　　　　　　　　　（特集：『中世の光景』(31) 朝日新聞（夕刊）、1992. 8. 1)
(ii) a.　そのうちに冥界の道というのはこのような道ではないか、［それ］でなくて
　　　どうして、このように魂の冷え上がる淋しい道がどこまでも続いているの
　　　であろうかと思いました。　　　　　　　（井上 靖『本覚坊遺文』：14)
　 b.〈［それ］＝［(冥界の道というのは) このような道（である)]〉

したがって、(i)、(ii) の代名詞と先行詞の関係は、やはり語用論的な推論がかかわる
間接照応の一種とみなされる。

（柳田国男（編）『日本の昔話』：162–163）

b.　〈[それ]=[泥棒が餅を置いていくこと]〉

（3）のストーリーの背景は、次の通りである。ある夫婦が餅をつくって食べたが、少しばかり残った。二人は、この残った餅をどうするか考えたあげく、「黙りくらべ」をして勝ったほうがその残っている餅を食べることにした。ところが、そこに泥棒がはいっていろいろあら探ししたあげく、その餅をもっていこうとした。そこで、夫婦があわてて、（3）の状況で泥棒にむかって叫ぶという場面になっている。

ここで問題になるのは、最後のほうに出ている代名詞の［それ］の照応関係であるが、（3）の先行文脈には、この代名詞の先行詞は直接には存在していない。先行文脈でこの代名詞の解釈の手がかりになる部分としては、泥棒にむかって夫婦が叫ぶ次の台詞である。

（4）a.　女房：あれ盗人が餅を持って行く

　　　b.　亭主：餅はもうおれの物だ

しかし、これらの台詞そのものが、問題の代名詞［それ］の先行詞に相当するわけではない。直観的には、問題の代名詞をふくむ文（i.e.「皆さん、泥棒が［それ］を承知したでしょうか」）の意味内容と先行文脈の意味内容から、［それ］は、［泥棒が餅を置いていくこと］を意味することが理解できるが、この先行詞の理解は、（4）に示される夫婦の台詞（i.e. 訴え、要求の発話行為としての台詞）から語用論的に推論される含意（i.e.［餅はやらない］したがって［餅を置いていく（ように）］という含意）を汲みとってははじめて可能になる。

4　間接照応と認知プロセス

4.1　はじめに

　日常生活の伝達は、しかるべき文脈や状況との関連で直観的になされるのが普通であり、個々の言語表現のつながりの一語一句を意識的に理解しながら伝達をはかっていくわけではない。この点は、照応表現の理解にもあてはまる。日常の伝達の場では、問題の照応表現の先行詞が、どのような形で存在しどのような言語的ないしは言語外の手がかりによって一語一句が理解されるかを意識しながら意志疎通をはかってはいない。しかし、実際に先行詞の存在のモード、先行詞の認知プロセスとの関連で照応の理解を考えた場合には、問題の照応関係は想像する以上に複雑である。

　一般に、照応にかかわる先行詞は、先行文脈になんらかの形で静的に存在しているという暗黙の前提がある。しかし場合によっては、先行文脈の展開のしかたに応じて先行詞の意味内容がダイナミックに変化し、この変化を考慮しないかぎり問題の照応関係が適切に理解できない例も存在する。ある場合には、先行詞に相当する部分が省略されており、この省略部分を復元することによって間接的に照応関係が理解される場合も考えられる。また照応によっては、先行詞は前後の言語的な文脈には存在せず、その文ないしはテクスト・談話にかかわる一般的な知識との関連で先行詞に相当する要素が理解される場合も考えられる。

　この種の照応は、問題の照応表現と先行詞の関係が前後の言語文脈から直接的には理解されないという点で、いずれも間接照応の一種とみなされる。このタイプの照応の理解には、推論や連想にかかわるさまざまな認知

のプロセスが反映されている。本章では、この種の間接照応の諸相をみて
いくことにする。

4.2　オンライン・プロセスと統合的照応

　先行詞が言語的な文脈や状況、場面に直接には見つからない照応は、何
らかの意味で間接的な照応の例ということができる。この種の照応のなか
には、時間の経過とともに先行文脈の叙述する事象ないしは事態が変化
し、この変化のプロセスから推定される結果が問題の照応詞の先行詞とし
て理解される事例がみられる。

　（1）　Fry the onions in the butter till [they]'re tender. Add the carrots,
　　　　parsely, salt, and pepper, and put [it] all into a buttered casserole dish.
　　　　Pour the cream on top, cover, and bake at 350 for forty-five minutes.
　　　　　　　　　　　　　　　　　（Peg Bracken, *The I Hate to Cook Book*: 43）

　これは、料理の作り方を説明しているマニュアルの一節である。英語の
ような言語では、一般に先行詞と照応詞は人称や数の上で一致する。した
がって、たとえば先行詞が複数であれば基本的に後続の照応形は複数形、
先行詞が単数であればこれに対応する照応形も単数形になるはずである。[1]

---

[1]　次は、ある幼児の会話の一部であるが、この場合には、前後の文脈からして複数
の代名詞でうけるところを単数でうけている。

　　Adam: I want to knock down the sun and break [it] in two and give mummy [it] to
　　　　　cook and we'll eat [it].　　　（R.D. Laing, *Conversations with Children*: 1）

この例では、代名詞の [it] が三回あらわれているが、二番目と三番目の代名詞の [it]
は、先行文脈（i.e. …… break [it]（=[the sun]）in two and give mummy ……）からみて、
大人の文法では複数の [them] になるところである。しかし、この幼児の認識の世界
では、先行文脈の [the sun] に相当する対象は、仮に破壊その他の影響をあたえたと

しかし、(1) のタイプのテクストをみるかぎり、このような一般化はなりたたない。ここでは、後続の照応詞（この場合には代名詞）は、複数の [they] になったり単数の [it] になったりしており、前後の文脈の形式的な手がかりだけからは、この代名詞の表層の分布関係は一律には予測できない。(1) のテクストの第一文では、まずオニオンをバターでやわらかくなるまでいためると述べており、この文脈ではその意味内容からして、複数の代名詞 [they] が呼応している。しかし、第二文では、このいためられたものにキャロット、パセリ、等を加え、この全体をバターをしいた蓋つきの容器に入れるように指示しており、この時点ではこの料理全体が一つのまとまりとして、単数の代名詞の [it] で示されている。[2]

(1) のテクストでは、このようにその事態の変化（この場合には料理の進行にそった変化）に応じて、問題の指示対象がダイナミックに変化し、この指示対象の変化を柔軟に推定しながら単複の代名詞 (i.e. [they] を選ぶか [it] を選ぶか) を決めている。すなわち、ここでは先行詞と代名詞の理解に、問題の指示対象のダイナミックな変化のプロセスを考慮した推論がはたらいている。

英語の場合には、先行詞の単複に応じて代名詞も単複のいずれかに呼応するのが普通である。これにたいし、日本語の場合には、先行詞が意味的に複数であっても、単数形の代名詞になるかゼロ照応になるのが普通である。次の例にみられるように、この場合には一般に複数形は不自然にな

しても首尾一貫して一つのまとまりとして理解されていると解釈するならば、このような代名詞の使い方はそれなりに納得できる。

[2] 類例としては、次のテクストが考えられる。

Grate or grind half a pound of any processed cheese, then mash [it] till [it]'s smooth. Add two or three tablespoons of port wine, put in as many caraway seeds as you like –enough so [they]'re noticeable, anyhow–then press [it] into a pretty jar you can serve from. (Peg Bracken, *The I Hate to Cook Book*: 85)

る。[3)]

(2)　がまの油売りは、やおら刀をとり出して客が差し出した一枚の大きな紙を、大声を出しながら二枚、四枚、八枚と次々に切り裂き、最後に {[それ] を／[φ]／?[それら] を} パッと空中に乱舞させた。

(3)　酢と砂糖と醤油をよくまぜあわせ、生野菜に {[それ] を／[φ]／*[それら] を} さっとふりかけて下さい。

　このように、叙述する事象によっては、問題となる先行詞の指示対象が事象の進展にともなって変化する。したがって、これに対応する照応詞を解釈する場合には、テクストの表層の形式的な手がかりだけでなく、問題の指示対象のダイナミックな変化のプロセスを考慮した推論との関連で先行詞を理解する必要がある。[4)]

[3)]　一般に日本語では、先行詞が複数の場合は、単数形の代名詞の [それ] で呼応するのが普通であり、複数形の [それら] は不自然である。人によっては、複数形の [それら] を使う場合もあるが、ここで問題としている照応形の相対的な判断としては、[それ] にくらべて [それら] の容認性は低くなる。

[4)]　次の例の [そこ] の先行詞は、先行文脈には直接には存在していない。この場合の先行詞は、先行文脈から間接的に理解される。

(ⅰ) a. 最後の塀を跳びこえると、なんと [そこ] に歯を剥き出しにした犬がいた。
　　 b. 〈[そこ]＝[最後の塀を跳びこえた場所／ところ]〉
(ⅱ) a. 暗いトンネルを抜けると、[そこ] は麦畑だった。
　　 b. 〈[そこ]＝[暗いトンネルを抜けた場所／ところ]〉
(ⅲ) a. やっとのことで路地を突っ切ると、[そこ] にもう一人の警備員が立っていた。
　　 b. 〈[そこ]＝[路地を突っ切って出た場所／ところ]〉

すなわち、(ⅰ)-(ⅲ)では、先行文が表現している行為から推論によってその到達地点が間接的に解釈され、この到達地点が先行詞として、代名詞の [そこ] と照応的に呼応していることが理解される。したがって、この種の照応の理解にも、先行文脈の変化のプロセスを考慮にいれた推論による間接的な先行詞の理解がかかわっている。

　次の例では、代名詞の［そこ］が三回でているが、それぞれの代名詞の
意味内容を厳密に理解するためには、やはり先行文脈の指示対象のダイナ
ミックな変化（この場合には、火をたいている囲炉裏の世界のダイナミッ
クな変化）のプロセスを考慮する必要がある。

(4)　　囲炉裏には火の気がない。焚くもん屋から藁をひとつかみ取って
　　　火をつけ、［そこ］へ杉葉をのせ、［そこ］へ枯枝の細目のところ
　　　を折ってのせ、それから太めのをのせて［そこ］へ「にか」を少
　　　しやる。　　　　　　　　　　　（中野重治『梨の花』：248–249）

次の例はどうか。

(5)　a. – どうってことはない。僕はいつもトボトボ歩くんだ。[5]
　　　– 背中を丸めてね。体を固くして。
　　　– ［それ］が僕なんだから ……。
　　　（小川国夫『悲しみの港』(No. 203)、朝日新聞（夕刊）1992. 7. 10)
　　b.　〈［それ］=［背中を丸めて、体を固くして、トボトボ歩く（人)］〉

　この場合の代名詞の［それ］の先行詞の手がかりは、先行文脈の［僕はい
つもトボトボ歩くんだ］、［背中を丸めてね］、［体を固くして］のそれぞれ
の表現に関係している。しかし、意味的にみてこれらのいずれの表現も問
題の代名詞の［それ］の先行詞に直接対応するわけではない。この代名詞
に対応するのは、むしろこれらの先行文の意味から推論を介して統合され
た内容（i.e. ［背中を丸めて、体を固くして、トボトボ歩く（人)]）の部分

---

[5]　次のような表現も類例と考えられる。

　　雪の中には鶏の鳴声も聞こえる。人家の煙も立ちこめている。［それ］が旧い飯
　　山の城下だ。　　　　　　　　　　（島崎藤村『千曲川のスケッチ』：118)

と考えられる。

　このタイプの照応の場合には、先行文脈の意味内容を推論によって統合しないかぎり問題の先行詞が適切には理解できない。本書では、この種の照応を、「統合的照応」と呼ぶことにする。[6]

4.3　補完リンクと間接照応

　照応のなかには、先行文脈の言語表現それ自体ではなく、その表現の意味内容をこえる概念的知識や言語外的な知識などを手がかりにして照応関係が理解される例が存在する。

　次の二つの文を比較してみよう（Haviland and Clark 1974：514–515）。

(1)　We got some beer out of the trunk. *The beer was warm.*

(2)　We checked the picnic supplies. *The beer was warm.*

---

[6]　次の対話における［それ］の解釈も、単純に先行文脈の語句（ないしは文）の一部からは得られない。この場合の照応の解釈には、文脈からの推論がかかわっている。

「わたしは渡辺真穂だけど、あなたは？」
「青山沙月」
「五月生まれなんだ」
「九月です」
「［それ］って詐欺みたい！」

（松村栄子『至高聖所（アバトーン）』：404）

この対話は、大学生の二人が自己紹介をしているくだりである。一方の渡辺という学生は、青山という学生の名前が「沙月」（=［サツキ］）なので五月生まれなのかと聞いたところ、予想に反したためがっかりして、「［それ］って詐欺みたい！」と言っている。したがって、この文脈を考慮にいれるならば、問題の代名詞の［それ］は、［九月生まれなのに〈沙月（サツキ＝五月）〉という名前である（こと）］を意味することになるが、この先行詞の意味内容は、対話の内容から推論を介して解釈しなければならない。この点で上の対話の照応も、「統合的照応」の一種ということができる。

　これらの例では、後続の第二文の［the beer］が照応的に何をうけている
かが問題になる。(1) の場合には、［the beer］に対応する先行詞の［some
beer］が第一文に存在する。しかし、(2) の場合には、［the beer］に対応す
る先行詞は先行文脈には存在していない。ただし、(2) の場合には、先行
文脈の［the picnic supplies］が問題の照応の手がかりになっている。すな
わち、この場合には、［the picnic supplies］に関するわれわれの一般的な
知識（たとえば、ピクニックには典型的にミカン、リンゴ、等の食べ物や
ジュース、ビール、等の飲み物が用意されるという知識）によって、先行
文脈の［the picnic supplies］と後続文の［the beer］との照応関係が理解され
る。さらにいえば、［the picnic supplies］に関しわれわれがもっている一般
的な知識のフレームの典型的な値ないしはデフォールト値（default value）
の一つとして［some beer］が推定され、これにたいして［the beer］が照応
表現として呼応していることが理解される。[7]

　ただしこの場合、問題の名詞句の［the beer］は、先行文脈の［the picnic
supplies］の知識フレームの必須の要素ではない。（ビールは、かならずし
もピクニックの必需品とはみなされない。）したがって、この種の照応関係
の理解にかかわる推論は、純粋に意味的な推論ではない。[8]

---

[7]　ここでは、「フレーム」(frame) という用語は、人間がもっている知識の枠組の意
味でつかう。「フレーム」の知識のなかには、個別的な知識、一般的な知識のいずれ
もふくまれる。またこの種の知識は、単語や語句などの認知枠にかかわる知識から、
外部世界にかかわる言語外の知識の枠組までをふくむ。このフレームの概念の規定に
関しては、とくに Minsky (1975) を参照。

[8]　以上の例との関連では、次のタイプの例も参考になる。

(1)　　Mary stopped to look at *a house*. *The door* was open.

(2)　a.　The man drove past our house in *a car*. *The exhaust fumes* were terrible.

　　　b.　The man drove past our house in *a car*. *The dog* was barking furiously.

　　　　　　　　　　　　　　　　　　　　　　　　(Hawkins 1978：101, 123)

(3)　a.　I saw *a house* among the trees. *The roof* was freshly painted.

　　　b.　I saw *a mast* in the harbor. *The boat* was coming.　　　（高坂 1986：499, 502)

類例としては、次のようなものが考えられる。

(3) a. Mary sewed her new dress. *The needle* was a little too large for the delicate work.

　 b. Mary dressed the baby. *The clothes* were made of pink wool.

　　　　　　　　　　　　　　　　　　(Sanford and Garrod 1981 : 154)

(4) a. Mary dressed the baby's arm. *The bandage* was made of white cotton.

　 b. Mary dressed the turkey. *The entrails* spilled out into the bowl.

　　　　　　　　　　　　　　　　　　(Brown and Yule 1983 : 265)

　これらの例の第二文の定名詞句 (i.e. [the needle]、[the clothes]、[the bandage]、[the entrails]) に照応的に直接呼応する先行詞は先行文脈には明

---

(4) a. A：I bought an interesting book.

　　 B：Who is the author?

　 b. He happened to die of *some disease*, though I don't know what *the cause* was.

　　　　　　　　　　　　　　　　　　(Yamanashi 1978 : 79)

これらの例の場合、定名詞句 (e.g. the door, the exhaust fumes, the author, etc.) に直接呼応する先行詞は存在しないが、先行文脈の不定名詞句 (a house, a car, a book, etc.) からの〈部分〉-〈全体〉、〈原因〉-〈結果〉、〈作者〉-〈作品〉、等の一般的な知識に基づく連想のリンクを介して、後続の定名詞句に照応的に呼応する名詞句が推論され、後続の定名詞句との連結性が可能になっている。

　ただし、これらのうち (2) の定名詞句の照応の場合 (とくに (2b) の場合) には、先行文脈の不定名詞句だけでなく、先行文全体の状況にかかわる知識が関係している (Hawkins 1978 : 123)。また、(3b) では、〈部分〉(i.e. a mast) から〈全体〉(i.e. the boat) への照応のリンクが関係しており、他の例の〈全体〉から〈部分〉への方向のリンクとは異なる。高坂 (1986 : 510) は、この特殊な解釈は、問題の不定名詞句が特定的 (specific) な解釈をもつときに限られるとしている。

　この種の定名詞句の用法に関しては、さらに Christopherson (1939 : 72–73)、Jespersen (1956 : 480–488)、Hawkins (1978 : 123–130)、Quirk *et al.* (1985 : 267–268)、Yamanashi (1987 : 79–82)、高坂 (1986 : 502–505) を参照。

示的には存在していない。にもかかわらず、問題の照応がなりたっている
のは、先行文の叙述している行為（i.e. sewing, dressing）にかかわる一般的
な知識のフレームの典型的な値（ないしはデフォールト値）の一つとして
［needle］、［clothes］、［bandage］、等が推定され、これに後続の定名詞句の
表現が呼応するのが理解されるからである。

　この種の照応の一部は、一見したところ、問題の定名詞句の先行文の言
語表現の意味内容から直接に予測できるよう考えられる。たとえば、（3b）
の先行文の dress という動詞の意味構造が（5a）のように規定されるならば、
後続の定名詞句の the clothes は、（5b）に示されるように、先行文の動詞
dress の意味構造に存在する clothes と照応することが予測できる。

(5)　a.　dress:［PUT CLOTHES ON］
　　　b.　Mary dressed（= put clothes on）the baby. *The clothes* were made of
　　　　pink wool.（cf.（3b））

もし dress という動詞の意味が、文脈から独立してつねに 5a のような
意味構造をもち、後続の定名詞句がつねに the clothes にかぎられるなら
ば、この種の分析は問題ない。しかし、（4a），（4b）の例にみられるよう
に、dress が関係する後続の定名詞句としては、the clothes だけでなく the
bandage，the entrails も可能である。したがって、dress の意味構造を単純
に（5a）だけに限定することは不可能である。

　この種の照応にかかわる問題は、日本語にもみられる（山梨 1990b：11）。

(6)　　この通りは交通量が多いので、［その排気ガス］で近くの住民が迷
　　　惑している。
(7)　　A：俺、ついにあの土地を手放したよ。
　　　B：［その軍資金］で何かするつもり？

　一般に、交通量が多いならば、排気ガスがたくさん出ると予想するのは自然である。(6) の場合、先行文脈に排気ガスにあたる表現がないにもかかわらず、[その排気ガス] で受けられるのは、自動車の交通量と排気ガスに関するこのような推論が働いているからである。

　(7) では、[そのお金] に呼応する先行詞は、A の発話には明示されていない。しかし、この A の発話の [土地を手放した] の部分から、土地と交換にお金が手にはいることが自然に推定される。したがって、対話者の B は、この推論に基づいて [その軍資金] という定表現で質問している。

　次の例は、一見したところ上の例と同じようにみえるが、この場合には、すくなくとも二種類の推論がかかわっている。((8b) の =*⇒ と ⟹ の矢印は、それぞれ「語用論」的な推論の含意関係と「意味」的な推論の含意関係を示すものとする。)

(8) a.　結婚して、一年分の野菜をつくって、[そのお金] を貯金するつ
　　　　もりなのか……。　　　　　　　　　　　　　　(林 芙美子『女家族』: 10)

　　b.　[野菜をつくる] =*⇒ (語用論的推論) =*⇒ [野菜を売る]
　　　　[野菜を売る] ⟹ (意味的推論) ⟹ [お金が手に入る]

この例と次の例を比べてみよう。

(9)　　一年分の野菜を売って、[そのお金] を貯金する。

　(9) の場合には、先行文脈の [売る] という表現から売ったものの代わりにお金が手に入ることが自然に推論される。したがって、後続文脈に [そのお金] という表現がくるのはかなり短絡的に理解できる。

　しかし、(8a) の場合の先行文脈の表現には、[野菜をつくって] という表現はでているが、[野菜を売って] という表現はでていない。この場合には、(8b) に示されるように、先行文脈の [野菜をつくって] から [その

野菜を売って］が推論され、さらにこの後者の意味から［お金が手に入る］
が推論され、最終的に先行文脈と後続文脈の［そのお金］という表現が照
応的に呼応することが理解される。したがって、この場合には、二重の推
論のプロセスがかかわっている。

　ただし、この場合の最初の推論 (i.e.［野菜をつくる］から［その野菜を売
る］) という推論は、かならずしも必然的にはなりたたない語用論的な推論
である。これにたいし、［野菜を売る］から［お金が手に入る］という二番
目の推論は、意味的に成立する推論といえる。したがって、(8a) には、二
種類の異なる推論が間接的な照応の理解にかかわっていることになる。

　(6) から (8) の例は、「コソア」の指示表現が後続の照応表現をマークし
ている例である。しかし、つねに「コソア」が問題の照応表現をマークす
るとはかぎらない。次の場合には、この種の指示表現は後続文にあらわれ
てはいない (山梨 1987：31)。

(10) a.　今日、はじめて彼が料理するのを見た。
　　　　　｛［包丁さばき］／?［その包丁さばき］｝は、抜群だった。
　　 b.　昨夜、新宿で銀行の襲撃事件がありました。
　　　　　｛［逃走車］／*［その逃走車］｝も ｛［犯人］／*［その犯人］｝もまだ
　　　　　見つからない状態です。
(11)　　　太郎はサンマをたいらげた。｛［骨は］／*［その骨］｝は猫にあげ
　　　　　ることにした。

　(10) では、料理や襲撃事件の知識にかかわるデフォールト値 (e.g.［包丁
さばき］、［逃走車］、［犯人］) が後続文脈に言語化され、先行文脈とのテ
クストの連結性を保っている。(10a)，(10b) では、先行文脈の行為や事
象に関する一般的な知識が、先行文と後続文のつながりの背景になってい
る。これにたいし、(11) では、先行文脈の名詞句の指示対象の部分／全体
の関係に基づく推論 (［サンマ］⟹［骨］) が後続文との照応的なつながり

を保証している。

4.4 先行詞の存在モードと間接照応

　一般に、問題の照応詞に呼応する先行詞が前後の言語的な文脈（あるいは発話の状況、場面）に明示的に存在しない事例は、なんらかの意味で「間接照応」の事例とみなすことができる。また、先行詞が明示的に存在しない場合、なんらかの推論によって先行詞が理解される事例は「推論照応」の例ということになる。「間接照応」の意味を広くとるならば、「推論照応」はこの種の照応の一種といってもよい。前節にみた照応の事例には、先行詞の理解に際しなんらかの推論がかかわっており、この点で推論照応の一種とみなすことができる。しかし、先行詞が明示的に存在しない照応現象がすべて、推論照応とみなされるわけではない。

　本書では、先行詞が前後の文脈（ないしは状況、場面）に直接的に存在する場合を、「明示的先行詞」（explicit antecedent）、そうでない場合を「潜在的先行詞」（implicit antecedent）として区別する。

　これまでに本書で考察してきた推論を介して理解される先行詞は、広い意味での潜在的先行詞の一種とみなすことができる。ここでは、本書でこれまで考察してきた推論が関係する先行詞のほかに、さらに次のタイプの先行詞を、潜在的先行詞の下位類として区別する。（この種の先行詞の下位分類と定義に関しては、山梨（1985：29）を参照。）

　英語に関しては、これらの先行詞がかかわる現象の一部はかなり研究されている。しかし、この種の潜在的先行詞がかかわる日本語の事例に関しては、体系的な研究はなされていない。[9]

---

[9]　英語の事例を中心とするこの種の照応の研究に関しては、寺津・山梨（1978）、寺津 他（1979）、Terazu *et al.* （1980）、等を参照。

表 4

〈潜在的先行詞のタイプ〉

A. 不完全先行詞
B. ゼロ先行詞
C. 分離先行詞
D. 内在先行詞

　これらの先行詞がかかわる現象のうち、B–D の先行詞が関係する照応現象は、次節以降で考察する。ここでは A の不完全先行詞の典型例について考察する。

(1)　　太郎が両足を折り曲げるのをみて、次郎も［そう］した。
(2) a.　〈［そう］=〈(次郎の)両足を折り曲げる］〉
　　 b.　〈［そう］≠〈(太郎の)両足を折り曲げる］〉

　(1) の照応詞の［そう］は、一見したところ、先行文脈の［両足を折り曲げる］(i.e.［(太郎の)両足を折り曲げる］〉を意味するように思われる。しかしこの場合、次郎が折り曲げたのは、太郎の両足ではなく次郎自身の両足という解釈のほうが自然である。したがってこの場合、厳密な意味では、照応詞の［そう］に直接対応する先行詞は、先行文脈には存在しないことになる。
　このように、問題の照応詞と先行文脈の先行詞に相当する部分の意味内容が厳密に同じでない場合にも、(1) のような文は可能であるが、この種の先行文脈に出てくる先行詞を、ここでは (照応詞と先行詞の意味が完全には同一ではないという点で)「不完全先行詞」と呼ぶことにする。[10]
　次の例の照応詞は、この点で曖昧である。

---

[10]　英語にみられるこの種の照応の問題については、Geach (1962：124–125/128–129)、Ross (1969：268, 1986：207) を参照。

(3)（&）太郎が自分の頭をなぐった。すると、次郎も［そう］した。

(4) a. 〈［そう］=［（太郎の）頭をなぐる］〉

   b. 〈［そう］=［（次郎の）頭をなぐる］〉

この場合の［そう］は、(4a) のように先行文脈の［（太郎の）頭をなぐる］と解釈することも可能であるが、(4b) のように［（次郎の）頭をなぐる］の解釈も可能である。この二番目の解釈の場合には、問題の先行詞はやはり不完全先行詞とみなされる。

照応の関係を規定する重要な要因の一つは、先行詞と照応詞の同一性という概念である（cf. 1 章 2 節）。この概念は日常言語の照応関係を特徴づける事実との関連で経験的に決められなければならない。上の照応現象にかかわる事実は、日常言語の照応関係を特徴づける同一性の概念は、言葉の形式と意味の復元にかかわる人間の柔軟な認知プロセスとの関連で規定されなければならないことを示している。[11]

4.5 ゼロ先行詞と間接照応

照応詞の先行詞と考えられる要素が前後の文脈のどこにも存在しない場合、この種の照応のすべてが推論に関係する照応であるとはかぎらない。一見したところ、問題の先行詞をふくむ部分が表層の言語レベルに存在しなくても、その先行詞をふくむ部分が省略されていることが理解されるならば、その部分を復元することによって問題の照応関係が理解される場合もあり得る。

次は、この種の照応の一例といえる（Grinder and Postal 1971：275–276）。

---

[11] この種の照応現象の同一性の問題に関しては、さらに Bach（1968：101/110, 1970：121–122）、Karttunen（1969b：114）、寺津・山梨（1978：46–47）、山梨（1985：29）、今西・浅野（1990：57–60）を参照。

(1)　Harry doesn't have a wife but Bill does ［φ］ and ［she］ is a nag.

(2)　Harrison didn't marry a nurse but Bill did ［φ］ and now he regrets having married ［her］.

(1) の代名詞の ［she］ と (2) の代名詞の ［her］ の先行詞にあたる部分は、先行文脈に存在するようにみえる。しかし、表層レベルにおいては、各例の第二文の動詞句の部分は省略表現になっており、当該の代名詞の先行詞はどこにも現われていない。

Grinder and Postal (1971) は、この種の照応にかかわる先行詞を不在先行詞 (missing antecedent) と呼んでいる。ただし、これはあくまで表層レベルにおいて先行詞を理解しようとした場合の話である。もし言語の表層レベルと深層レベルを区別し、この後者のレベルにおいて問題の先行詞が理解されるならば、深層レベルにおいては先行詞は存在することになる。このように考えるならば、問題の先行詞が存在しない (i.e. 不在である) のではなく、深層レベルに存在するはずの先行詞が表層レベルには言語化されていないという見方も可能である。本書では、この種の先行詞を（表層レベルには言語化されていないという意味で）「ゼロ先行詞」と呼ぶことにする。

日本語では、次のタイプの文にこの種のゼロ先行詞がかかわっている。

(3) a.　花子には夫はもういないが、春子には ［φ］ いる。しかし、彼はいま蒸発中である。

　　 b.　〈［彼］=［(春子の) 夫］〉

(4)　　（深層レベル）：［［花子には夫はもういない］ が、［春子には ［夫］ がいる］ しかし、［［(春子) の夫］ はいま蒸発中である］］

(3) の例では、問題の代名詞 (i.e. ［彼］) の先行詞は先行文脈には言語化

されていないが、省略されている部分を復元することにより理解できる。
すなわち、問題の省略部分を (4) に示される深層レベルとして規定するな
らば、代名詞の［彼］の先行詞 (i.e.［(春子の) 夫］) はこの深層レベルに認
められることになる。

　次の文の場合、一見したところ、(3) の例と同じ形で照応の先行詞が予
測されるようにみえる。

(5) a.　叔父の配偶者は 10 年前に亡くなっているが、叔母には［φ］い
　　　　る。［彼］はいまだに元気で毎日ジョギングをしている。

　　 b.　〈［彼］=［(叔母の) 配偶者］〉

　すなわち、(5a) の文の先行詞は、(6) のような深層レベルを復元するこ
とにより、問題の先行詞 (i.e.［(叔母の) 配偶者］) の理解が可能になるよ
うにみえる。

(6)　　(深層レベル)：[[叔父の配偶者は 10 年前に亡くなっている] が、
　　　　　　　　　　　[叔母には［配偶者］がいる] [[(叔母の) 配偶者］
　　　　　　　　　　　はいまだに元気で毎日ジョギングをしている]]

(7) a.　［(叔父の) 配偶者］(=〈女性〉)　⇔　［彼女］
　　　　　　　　　　　　　　　　　⇎*［彼］

　　 b.　［(叔母の) 配偶者］(=〈男性〉)　⇔　［彼］
　　　　　　　　　　　　　　　　　⇎*［彼女］

　しかし、(5a) のタイプの照応の場合には、さらに深層レベルで復元され
る先行詞の性 (gender) と表層レベルに表現される代名詞 (i.e.［彼］ないし
は［彼女］) の照応の一致に関する推論がかかわっている。

　この種の推論は、一般に、結婚の相手としての配偶者同士は (常識的に
は) 男女の一組のペアからなるという一般的な知識に関係している。した

がって、一般に男性の配偶者ならば女性 (i.e. [彼女])、女性の配偶者なら
ば男性 (i.e. [彼]) という性の一致に基づく推論によって、問題の先行詞と
代名詞の関係が決められることになる。((7a)、(7b) は、(5a) の先行詞と
代名詞に関するこの種の性の一致の関係を示している。)

　(5a) の例文 (i.e.「叔父の配偶者は 10 年前に亡くなっているが、叔母に
は [φ] いる。[彼] はいまだに元気で毎日ジョギングをしている。」) の先
行詞は、表層レベルの先行文脈だけを手がかりにするならば、[叔母には
[配偶者] がいる] の [配偶者] の部分だけで十分であるようにみえる。し
かし、この [配偶者] という名詞それ自体は、性に関しては中立の名詞で
ある。したがって、先行詞をただ [配偶者] として規定するだけでは、ど
うして後続の代名詞が男性代名詞の [彼] であって女性代名詞の [彼女] に
ならないのかが自然に予測できないことになる。

4.6　分離先行詞と間接照応

　前節の照応にかかわる先行詞 (i.e. ゼロ先行詞) は、表層レベルには言語
化されていない。しかし、先行詞にあたる部分が表層レベルに存在しなく
ても、その部分が省略されていることが理解される。

　これにたいし、先行詞にあたる要素が表層レベルに部分的には言語化さ
れているが、問題の照応詞に相当する単一の構成要素としては存在せず、
むしろ先行詞の要素の一部が分離して存在している照応表現も考えられ
る。この種の典型例としては、次の例が考えられる (Edes 1968 : 1)。

(1) a.　John told Sue that they would get married.

　　b.　⟨[they]=[John and Sue]⟩

(2) a.　John talked to Sue about [φ] getting married.[12]

---

[12]　(1)、(2) の例では、分離している先行詞が代名詞に先行しているが、次の場合に
は、代名詞が、分離している先行詞のあいだに介入している (Edes 1968 : 2–4)。

b. 〈[φ]=[John and Sue]〉

(1a) の文の代名詞 (i.e. [they]) は、(1b) に示されるように [John and Sue] であることはすぐに理解できる。また (2a) では、ゼロ代名詞 (i.e. [φ]) になっているが、この場合も問題の先行詞が [John and Sue] であることは容易に理解できる。しかし、これらの照応関係を形式的に規定しようとした場合には、問題が残る。

(3)　　[先行詞]　　⇔　　[照応詞]
　　　〈単一構成素〉　　　〈単一構成素〉

何故なら、(3) に示されるように、照応関係の認定に際しては、一般に問題の照応詞とこれに対応する先行詞は、形式・構造の点からみて単一の構成素からなっているという前提があるからである。上の (1)、(2) の代名詞に対応する先行詞は、この意味では単一の構成素にはなっていない。(1)、(2) の代名詞の [they] (ないしはゼロ代名詞 [φ]) に対応する先行詞は [John and Sue] のはずである。しかし、(1) の場合には [John] と [Sue] の間に動詞の [told] が、(2) の場合には [talked to] が介在している。したがって、問題の照応詞に対応するはずの代名詞は単一の構成素にはなっていない。[13]

(i)　　*John* talked about *their* marriage to Sue.

(ii)　　*Max* gave out *their* unlisted number, but *Sue* refused to admit it was right.

(iii)　　*Max* said *they* were forced into marriage, before *Sue* could tell her side.

[13]　英語では、(i) に示されるように、再帰代名詞の場合には分離先行詞は不可能である (cf. Giorgi (1983/4)、等)。

(i) a.*Rich$_i$ told Ann$_j$ about themselves$_{i+j}$.
　　b.*The men$_i$ introduced the ladies$_j$ to themselves$_{i+j}$
　　c.*Gianni$_i$ brought back Maria$_j$ to themselves$_{i+j}$.

　Edes（1968）は、この種の先行詞を「分離先行詞」（split antecedent）と呼んでいる。このタイプの先行詞は、表層レベルで単一の構成素をなしていないだけでなく、深層レベルにおいても単一の構成素をなしてはいない。実際、(1)、(2) の深層のレベルを考えた場合、その命題構造からして、[John] と [Sue] を単一の構成素として規定することは不可能である。

　分離先行詞をとる例は、英語にかぎられるわけではない。次のような日本語の例にも、分離先行詞が認められる。

(4) a.　［太郎］は結局のところ［次郎］に同意を求めたが、［彼ら］の意見は平行線をたどってしまった。

　　b.　〈［彼ら］＝［太郎と次郎］〉

(5) a.　一週間ほど前に、［友人］は何の予告もなしに［父親］から勘当された。［彼ら］は人も羨む親子だったのに。

　　b.　〈［彼ら］＝［友人と父親］〉

　(4)では［太郎］と［次郎］が、(5)では［友人］と［父親］が、照応形の［彼ら］の分離先行詞になっている。［太郎］と［次郎］（ないしは［友人］と［父親］）のあいだには別の表現が介在しており、これらの名詞は単一の構成素にはなっていない。この場合、介在している問題の表現（i.e. ［結局のところ］、［何の予告もなしに］）の部分を前後に移動してみるならば、(4) と (5) の先行詞の部分はそれぞれ［……［太郎］は［次郎に］……］、［……［友人］は［父親］から ……］のようになり、問題の名詞は隣接する構成素になる。しか

しかし岡田（1992）によれば、(ii) のように、文の指示するイヴェントの性質によっては分離先行詞と再帰代名詞の共起が可能である。

(ii) a.　*John$_i$ showed Mary$_j$ a picture of themselves$_{i+j}$*.

　　b.　Both *John$_i$* and *Bill$_j$* are famous scholars, and they have done a lot of interesting research together in the past. This semester, *John$_i$* asked *Bill$_j$* to come to his university and to lecture with *him$_i$* about *themselves$_{i+j}$* in his class.

しこの場合でも、統語的には一方の名詞（［太郎］ないしは［友人］）は主語
の位置にあり、もう一方の名詞（i.e. ［次郎］ないしは［父親］）は動詞句の
位置にあり、これらの隣接する名詞が単一の構成素になることはない。し
たがって、これらの隣接する要素はやはり分離した先行詞とみなされる。

　(5) の例の第一文は、受け身文である。したがって、問題の先行詞が分
離先行詞とみなされるのはこの表層レベルだけの問題であり、(5) を能動
文の形にした場合には、単一の先行詞としてまとめられる可能性もないわ
けではない。

(6)　（能動文）：一週間ほど前に、［父親］が何の予告もなしに［友人］
　　　を勘当した。［彼ら］は人も羨む親子だったのに。

　しかし、(6) から明らかなように、能動文のレベルにおいても、やはり
問題の先行詞は分離先行詞とみなさなければならない。この場合、［父親］
と［友人］のあいだに介在する表現の部分を前後に移動し、［…… ［父親］
が［友人］を ……］のように先行詞の一部をなす名詞が隣接したとしても、
統語的には［父親］の部分は主語、［友人］の部分は動詞句の一要素として
の目的語の位置にある。したがってこれらの隣接する名詞は単一の構成素
にはならない。

　次の (7) の例は、一見したところ分離先行詞だけがかかわっている例の
ようにみえる。しかしこの場合には、さらに前節にみたゼロ先行詞も関係
している。

(7)　離婚のためにいろいろ悩んだあげく、太郎の方がまず自分の弁護
　　　士に相談し、しばらくして妻の方も［そう］したようだが、［彼ら］
　　　の話し合いからはどちらもいい結論は得られなかったようだ。

(8) i.　〈［そう］=［自分の弁護士に相談（する）］〉
　　ii.　a.〈［彼ら］=［太郎と太郎の弁護士］〉

　　　　b.〈［彼ら］=［妻と妻の弁護士］〉

(9)　i.　「妻の方も［そう］したようだ」：

　　　　　［そう］⇒［自分の弁護士と相談］

　　　ii.　「妻の方も［自分の弁護士と相談］したようだ」……「［彼ら］」

　　　　　……：［彼ら］⇒［妻と妻の［弁護士］］

　(7) の例では、［そう］と［彼ら］の二つの代名詞が問題になる。(7) の文脈の一部 (i.e.「…… しばらくして妻の方も［そう］したようだ」) は、テクストの前後関係からして、［…… しばらくして妻の方も［自分の弁護士に相談］したようだ］を意味する。したがって、問題の代名詞の［そう］は、(8i) の意味になる。一方、これに後続する代名詞の［彼ら］の解釈は厳密には曖昧である。

　その一つの解釈は、(8ii) の a に示されるように、先行文脈の分離先行詞の［太郎］と［自分 (i.e. 太郎) の弁護士］の意味に相当する。この場合には、先行文脈に［太郎］も［自分の弁護士］も現われているので、問題の代名詞の［彼ら］との照応が直接的に可能である。

　もう一つの［彼ら］の解釈は、(8ii) の b (i.e.［妻と妻の弁護士］) に相当するが、この解釈の場合の代名詞と先行詞の認定のプロセスはさらに複雑である。この場合の［彼ら］の先行詞が存在するはずの先行文脈は、「……妻の方も［そう］したようだ ……」の部分であるが、この文脈には［妻］の部分は表現されているが、この名詞と分離先行詞を形成するはずの［自分の弁護士］にあたる部分は表現されていない。したがって、この部分は、前節のゼロ先行詞の一種とみなすこともできる。

　この部分を解釈するためには、(9i) に示されるように、まず代名詞の［そう］の部分から［自分の弁護士］の部分を復元し、次に (9ii) に示されるように、この復元された部分とこれに先行する名詞の［妻］の部分とが、問題の代名詞の［彼ら］に分離先行詞として呼応することを理解する必要がある。この点で、(9) の照応は、ゼロ先行詞の認知のプロセスとこれに基

づく分離先行詞の認知のプロセスが二重にかかわる特種な照応の例という
ことができる。

4.7　照応不能領域と内在先行詞

　先行文脈に、問題の照応詞の先行詞に相当する要素が存在することが
理解されても、その先行詞にあたる部分をつねに後続の照応詞によって
指すことができるとはかぎらない。次の例をみてみよう（Postal 1969：
207–209）。

(1)　a.　Max's parents are dead but those of my boss are alive.

　　　b. * Max is an orphan but those of my boss are alive.

(2)　a.　The person who lost his parents deeply misses them.

　　　b. * The orphan deeply misses them.

(3)　a.　Mary has blonde hair and the fetishist wants to caress it for hours.

　　　b. * Mary is a blonde and the fetishist wants to caress it for hours.

　(1)，(2) の b 文の先行文脈の orphan という表現は、親（[parents]）のい
ない子を意味する。したがって、この orphan をふくむ b の文の先行文脈
からは、a の文と同様、[parents] の部分が理解され、この [parents] の部
分が照応形の [those] ないしは [them] と照応関係にあることが理解される。
しかし、b のように parents という表現が言語的に明示されていない文は、
英語の照応表現としては容認不可能である。同様に、(3) の b の a blonde
は、[a person who has blonde hair] を意味し、この [blonde hair] の部分が
代名詞の [it] と呼応することが理解できる。しかし、b のように、hair と
いう表現が明示されていない文は容認されない。
　Postal (1969) は、このように意味的に先行詞に相当する要素をふくんで
いても照応関係がなりたたない表現を、「照応不能領域」(anaphoric island)

と呼んでいる。本書では、この種の照応不能領域のなかにくみ込まれている先行詞を「内在先行詞」と呼ぶことにする。

Postal の指摘する事実に関するかぎり、上の b のタイプの表現は一般に照応不能領域を形成し、容認不可能な表現と判断される。しかし、この種の表現の容認性の判断は、音韻・形態的な側面、統語的、意味的な側面から相対的に判断されなければならない。この点は、次の例から明らかである（Lakoff and Ross 1972：121–125）。

(4) a.　A man who plays the guitar brought one yesterday.

　　b. * A guitarist bought one yesterday.

(5) a. ? John became a guitarist because he thought that it was a beautiful instrument.

　　b.?* The guitarist thought that it was a beautiful instrument.

(6) a. ? Flutists are a strange breed: it appears not to sound shrill to them.

　　b.?* Flautists are a strange breed: it appears not to sound shrill to them.

(4)–(6) では、照応不能領域と考えられる先行文脈の表現 (e.g. guitarist, flutists) は、これに呼応するはずの照応表現 (e.g. guitar, flute) と形態的に関連しており、適切性の判断は相対的である。(4b) のように、照応詞が直接的に先行詞をふくむ表現に統御 (command) されている場合には、容認されない。[14]

しかし、(5b) のように、問題の照応詞が先行詞をふくむ表現に統御されていても、両者が形態的に関連している場合には、容認性がすこし高くなり、さらに (5a) や (6a) のように照応詞を先行詞をふくむ表現が統御していない場合には、さらに容認性が高くなる。さらに、照応形と先行詞をふくむ表現が形態的に関連している場合でも、両者のあいだに音韻的な類似

---

[14]　「統御」という概念の規定に関しては、Langacker (1969) を参照。

性がみとめられる a の文（i.e. ［flute＋ist］↔［flute］）のほうが、音韻的な類
似性が低い b の文（i.e. ［flautist］↔［flute］）よりも容認性が高くなる。

　Lakoff and Ross（1972）は、この種の事実に基づき、照応不能領域にか
かわる照応関係の容認性を次の（A）-（C）の三段階にわけている。

（A）　先行表現と照応詞が音韻・形態的に関連しない場合には容認でき
　　　ない。

（B）　両者が音韻・形態的に関連し、前者が後者を統御している場合に
　　　は容認性が（A）より高くなる。

（C）　両者が音韻・形態的に関連し、前者が後者を統御していない場合
　　　には容認性が（B）よりさらに高くなる。

　日本語の場合には、「？太郎には両親がいないので、［彼等］を欲しがっ
ている」、「＊太郎は孤児なので、［彼等］を欲しがっている」（［彼等］＝［両
親］）、「？ギターを弾いている人が、［それ］をこわしてしまった」、「＊ギ
ター弾きが、［それ］をこわしてしまった」（［それ］＝［ギター］）などの例に
みられるように、［彼等］、［それ］のような明示的な代名詞で、照応不能領
域にふくまれる先行表現との指示関係をたしかめるのは難しい。むしろ、
（7）-（9）のような「ゼロ代名詞」が関係する照応表現のほうが照応不能領
域の適否を判断しやすい。（（7）の［φ］は［両親］、（8）と（9）の［φ］は［ギ
ター］を意味するものとする。）

（7）a. ？太郎には親がいないので、［φ］（＝［親］が）欲しくてたまらない。
　　 b.?? 太郎は孤児なので、［φ］（＝［親］が）欲しくてたまらない。
　　 c.?＊孤児の太郎は［φ］（＝［親］が）欲しくてたまらない。

（8）a. ？ギターを弾いている人が、［φ］（＝［ギター］を）こわしてしまっ
　　　 た。
　　 b.?? ギター弾きが、［φ］（＝［ギター］を）こわしてしまった。

　　c.?＊ギタリストが、［φ］（＝［ギター］を）こわしてしまった。
(9)　a.　　太郎は、［φ］（＝［ギター］が）素敵な楽器なので、ギターを弾く
　　　　　ようになった。

　　b.　?太郎は、［φ］（＝［ギター］が）素敵な楽器なので、ギター弾きに
　　　　　なった。

　　c.??太郎は、［φ］（＝［ギター］が）素敵な楽器なので、ギタリストに
　　　　　なった。

　　d.?＊［φ］（＝［ギター］が）素敵な楽器と思い込んだ太郎は、ギター弾
　　　　　きになった。

　　e.　＊［φ］（＝［ギター］が）素敵な楽器と思い込んだ太郎は、ギタリス
　　　　　トになった。

　これらの例の場合、相対的に容認性の差はあるが、先行詞が直接に当該
文脈に存在するａの文は、照応不能領域の表現（e.g.［孤児］）や形態的に類
似性のある先行詞（e.g.［ギター弾き］、［ギタリスト］）をふくむ他の例より
も容認性は高い。さらに、後者の例のなかでは、問題の照応表現が統御さ
れていない例のほうが統御されている例よりも相対的に容認性が高い。ま
た、音韻・形態的にみた場合には、先行詞をふくむ表現が形態素として明
示的に表層レベルに存在する複合表現（e.g.［ギター弾き］）の例のほうが、
単語の一部に形態素がくみ込まれている例（e.g.［ギタリスト］）よりは、相
対的に容認性は高い。

　以上は、ゼロ代名詞が関係する照応不能領域の問題であるが、明示的な
代名詞が日本語の照応不能領域と関係しないわけではない。次の例をみて
みよう。

(10)a.　　昨日、若い男の人と女の人に会った。彼（＝［男の人］）の方がど
　　　　　うもさえなかった。

　　b. *昨日、若いカップルに会った。彼（=[男の人]）の方がどうもさ
　　　えなかった。

(11)a.　子供の太郎は父をなくしている。それで、いつも彼（=[父]）の
　　　面影を追っている。

　　b.? 太郎はててなし子だ。それで、いつも彼（=[父]）の面影を追っ
　　　ている。

(12)a.　明日、首相が米国を訪問するが、近いうちに外務大臣もそこ（=
　　　[米国]）を訪問する予定になっている。

　　b.　明日、首相が訪米するが、近いうちに外務大臣もそこ（=[米
　　　国]）を訪問する予定になっている。

　基本的には、これらの対のbの［カップル］、［ててなし子］、［訪米］の
表現は照応不能領域を形成し、この領域にふくまれる先行詞は［彼］や［そ
こ］などの代名詞では受けられないはずである。(10)-(12) の対をくらべ
た場合、たしかに (10b) の照応の容認性はかなり低い。しかし、(10b) か
ら (11b) にいくにしたがって、照応不能領域とみられる代名詞の容認性は
高くなる。これらの容認性に関する直観は、問題の先行文脈の音韻・形態
的な側面にかかわる要因と関係している。

　たとえば、(10b) の［カップル］はどの構成部分も照応詞の［男の人］と
は音韻的にも形態的にも関係していない。これにたいし、(11b) の［てて
なし子］の場合には形態的に最初の部分が［父］と関係している。さらに、
(12b) の［訪米］の場合には、後半の［米］の部分が、音韻的にも形態的に
も関係している。(10)-(12)のbの容認性に関する相対的な判断の違いは、
この種の要因と密接にかかわっている。[15)]

[15)]　照応不能領域と考えられる先行文脈が後続の代名詞と呼応できるか否かは、問題
の照応不能領域にかかわる表現の音韻・形態等の形式的な制約だけでなく、意味的な
制約も関係する。

定延（1988）は、照応不能領域と代名詞が照応的にかかわる事実として、次のような例をあげている。

（1）a.　先日彼の<u>スペイン</u>行きを見送ったが、<u>あそこ</u>の夏は非常にむし暑い。

　　b.＊先日彼の<u>スペイン</u>行きを見送ったが、<u>そこ</u>で財布をおとしてしまった。

（2）a.？彼は随分と<u>うどん</u>好きだが、私も負けず劣らず<u>それ</u>に目がない。

　　b.＊あの<u>うどん</u>好きより、私の方が<u>それ</u>に目がない。

（3）　　A氏が<u>右</u>向きになると、サルもやはり<u>そちら</u>を向いた。

（4）　　この器は<u>輪島塗り</u>だが、<u>あそこ</u>へは去年行った。

これらの文は、問題の先行文脈の解釈、照応がかかわる後続文脈の意味内容、問題の代名詞のタイプ、等によって容認性が異なる。

5 レトリックと照応現象

5.1 はじめに

　一般に照応表現は、文字通りの意味を表現する文やテクスト・談話のなかで用いられるものと考えられる。この事情から、照応の研究では文字通りの表現を研究のターゲットとするのが普通であり、イディオムやメタファー、メトニミー、等の言葉のあやがかかわる言語表現と照応の関係は検討されていない。とくに文法を中心とする言語研究においては、メタファー、メトニミーなどがかかわる言語現象は、レトリックの研究として、いわゆる文法の研究からは区別される。このような文法とレトリックの区分の背景には、文字通りの言葉の用法と修辞的な言葉のあやにかかわる用法が最初から区別されるという暗黙の前提がある。

　しかし日常言語の実際の用法をみた場合、いわゆる文字通りの言葉の用法が他の用法から厳密に区別されるわけではない。日常言語の基本的な用法のなかに、すでにイディオム、メタファー、等のさまざまな言葉のあやがかかわっており、創造的で柔軟な伝達のささえになっている。この種の言葉のあやは、照応現象のなかにもみられる。本章では、とくにメタファー、メトニミー、イディオム、等がかかわる照応現象と推論の問題を考察していく。

5.2 メトニミーと日常言語

　日常の伝達には現実的な制約があるが、その反面、伝達の背景としての

さまざまな文脈や知識にささえられている。したがって、伝達したいことの一部が言語化され、これをささえる文脈や知識が保証されているかぎり、伝えようとする対象の一部を記号化するだけでも意図した内容が柔軟に伝えられる。これを逆に解釈する側からみるならば、文脈や知識があたえられるかぎり、問題の伝達の対象にかかわる内容の一部を手がかりにすることにより、意図される内容にたいし補完的な理解を行っていくことが可能となる。

　日常言語はこのような伝達の手段にささえられているが、メトニミーによる伝達は、そのなかでも特筆すべき手段の一つと考えられる。メトニミーは、言葉のあやの一種であり広い意味で修辞的な表現の一部にふくまれる。

5.3　トポニミーとパートニミー

　メトニミーと呼ばれる現象は多岐にわたる。本書では、広い意味でのメトニミー現象の下位類として二つの現象に注目し、それをトポニミーとパートニミーと命名することにする。

　とくに本書でトポニミーという場合には、〈場所〉や〈空間〉の隣接関係ないしは近接関係に基づく現象を、またパートニミーという場合には、〈部分〉-〈全体〉の隣接関係に基づく現象を問題にする。[1]

---

[1]　「パートニミー」(partonymy) という用語は、Miller and Johnson-Laird (1976) でも使われているが、本書で問題にしている照応現象との関連で規定されるパートニミーの用法とは異なる。本書のパートニミーは、せまい意味での身体部位 (body part) だけでなく、物理的対象に関する文字通りの〈部分〉-〈全体〉の関係をもふくむ用語として使っている。

表 1

〈メトニミーの下位類〉

A. トポニミー：[空間／場所の隣接性に基づく表現]
B. パートニミー：[部分／全体の隣接性に基づく表現]

伝統的なレトリックの研究では、〈部分〉-〈全体〉の隣接関係に基づく言葉のあやは、提喩（synecdoche）としてメトニミーから区別される。しかし、ここでは〈部分〉-〈全体〉の隣接関係からなる現象も、メトニミーの下位類（とくにここではパートニミーの現象）として扱うことにする。[2]

5.3.1 パートニミーと照応

〈部分〉-〈全体〉の隣接関係からなるパートニミーが関係する現象のなかでも、テクストの連結性にかかわるパートニミーの現象は興味深い。一例として、照応関係（とくに間接的な照応関係）によって特徴づけられるテクストの連結性の例を考えてみよう。

(1) The phone rang. Kugelmass lifted it to his ear mechanically.

（Woody Allen, *The Kugelmass Episode*: 26）

(2) The phone rings again. I pick it up. "Wouldn't I love to be in Key West with you?" Johnny says……. "Wrong number," I say.

（Ann Beattie, *The Burning House*: 234）

---

[2] ここで規定するパートニミーは、伝統的なレトリックで問題にするシネクドキ（synecdoche）の一種とみなすこともできるが、本書では、シネクドキも広い意味でのメトニミーの一種とみなす（cf. Jakobson 1960、Lakoff and Johnson 1980、Antilla 1989）。したがって、本書で問題にするパートニミーは、広い意味でのメトニミーの一種ということになる。

　(1)、(2) の例では、一見したところ、the phone が後続の代名詞 [it] の先行詞として解釈される。しかし、実際にこの代名詞の [it] が指しているのは、電話器としての [phone] 全体ではなく、電話の一部である受話器である。

　この場合、代名詞の [it] が先行文脈の名詞句の [the phone] と直接的に照応関係にあるのではなく、電話器の一部である受話器と照応関係にあることが理解できるのは、全体から部分への認知のプロセスがかかわるパートニミーの関係が、先行詞と代名詞の間になりたっているからである。

　これらの例では、〈全体〉→〈部分〉のパートニミーの関係がテクストの理解に関係している。これにたいし、次の場合には、逆に〈部分〉→〈全体〉のパートニミーの関係が問題のテクストの理解にかかわっている。

(3)　　There's an Ohio license in front of us. Ma, have you ever been to Ohio?

　　　　　　(Thornton Wilder, *The Happy Journey to Trenton and Camden:* 73)

　このテクストの第一文の an Ohio license は、字義通りにオハイオ州のナンバープレートを意味するのではなく、オハイオ州のナンバープレートをつけた車を意味するが、この解釈は、部分としての an Ohio liscence から全体としての a car with an Ohio license plate へのパートニミーの認知のプロセスによって可能となる。

　日本語でも、たとえば「あ、あそこに京都ナンバーがとまっている！」という発話から、京都ナンバーのプレートをつけた車がとまっているという解釈がなりたつが、この解釈も、基本的には同様の〈部分〉→〈全体〉のパートニミーの認知のプロセスに基づいている。[3]

---

[3]　次の (i) の例の [that] は、先行文脈の [(a vase containing) some ashes of bones] と照応的に関係しているが、同時に [my husband] を同定する機能も果たしている。

　(i)　…… she returned, and showed me a vase containing some ashes of bones……, and

5.3.2 トポニミーと照応

〈部分〉-〈全体〉のパートニミーの場合には、部分にあたる表現が指示する対象と全体にあたる表現が指示する対象は、文字通り同じ対象の部分と全体の関係にある。すなわち、部分が指示する対象は、全体が指示する対象の構成要素（i.e. 文字通りの構成部分）ということができる。

これにたいし、トポニミーの関係にある表現の指示する対象は、いわば〈トポス〉としての〈場所〉（ないしは〈空間〉）とこの場所（ないしは空間）のなかに位置づけられる存在に対応する。この点で、トポニミーの関係を特徴づける隣接関係は、パートニミーの関係を特徴づける隣接関係とは異なる。

トポニミーの典型例としては、次の例が考えられる。

(1)　When Miss Emily Grierson died, our whole town went to her funeral.

(William Faulkner, *A Rose for Emily*: 217)

(2)　THE WOMAN: Willy, are you going to answer the door! ......

THE WOMAN: Aren't you going to answer the door? He'll wake the

whole hotel.

(Arthur Miller, *Death of a Salesman*: 90–91)

---

she said, '[That] is my husband.' And she actually laughed as she said [it]! Did you ever hear of such disgusting creatures?

(Lafcadio Hearn, *The Japanese Smile*: 361)

同種の同定の機能は、次の例にもみられる。

(ii) Last came a little feeble, squeaking voice. ('[That]'s Bill,' thought Alice), ...

(Lewis Carroll, *Alice's Adventures in Wonderland*: 43)

これらの例における [that] は、先行文脈の指示対象（i.e. [some ashes of bones]、[a ......voice]）と後続の人物（i.e. [my husband]、[Bill]）を照応的に関連づけるはたらきをしているが、これらの指示対象と人物の関係は、単純に〈部分〉-〈全体〉のパートニミーの関係にあるとはいえない。

(1)、(2) の our whole town, the whole hotel の部分は、文字通りには場所ないしは建物としての空間を意味するが、これらの表現の実際の解釈 (i.e. [people] of the whole town/ [people] of the whole hotel) は、場所／空間とそこに位置づけられる存在の隣接関係に基づくトポニミーの認知のプロセスによって可能となる。

次の (3)、(4) の場合には、それぞれ [町] と [舟] が問題になるが、この場合にも、町とそこに住む人々の関係 (ないしは舟と舟に乗っている人との関係) がトポニミーの関係として理解される。

(3)　町はさすがに、まだ、寝しずまっていた。

(川端康成『古都』: 241)

(4)　さる折しも、白き鳥の嘴と脚と赤き、鴫の大きさなる、水のうへに遊びつつ魚をくふ。京には見えぬ鳥なれば、皆人見知らず。渡守に問ひければ、「これなむ都鳥」といふをききて、名にし負はばいざこととはむ都鳥わが思ふ人はありやなしやととよめりければ、舟こぞりて泣きにけり。

(『伊勢物語』: 九段)

同種の例としては、(5) があげられる (Lakoff and Johnson 1980 : 38–39)。

(5) a.　You'll never get the university to agree to that.

　　b.　The Senate thinks abortion is immoral.

ただし、(5) の the university、the Senate は、文字通りの建物というよりは、社会的に「制度化された建物 (ないしは場所)」としてのニュアンスの方が強い。[4]トポニミーの現象としては、さらに次の例が考えられる (山梨

---

[4]　類例としては、さらに次の例を参照 (Lakoff and Johnson 1980 : 38–39)。

1988a：95–96）。[5]

(6) a. 鍋が煮える。

b. 私はドンブリが好きだ。

c. 一升瓶を飲みほす。

(7) a. 海が干上がる。

b. 池が枯れてしまう。

c. 湖が満ちてくる。

d. 川が氾濫する。

(8) a. その選挙の結果に霞が関は動揺している。

b. 阪神の凋落で大阪はげんなりしている。

c. 観光ブームで祇園に笑顔がもどった。

d. 平安神宮は今が満開だろう。

(i) The Kremlin threatened to boycott the next round of SALT talks.

(ii) Paris is introducing longer skirts this season.

(iii) Wall Street is in a panic.

[5] 次の古典落語のやりとりをみてみよう。ここでは、「わいてるやかんをとってくんねぇ」という発話の解釈に関し、親方の側からへりくつがならべられている。

「親方、ちょいとそこにわいてるやかんをとってくんねぇ」
「やかんがわいてる？　そりゃあちがうだろう、やかんのなかの水が湯にわいてるんだ。やかんがわくわけはねぇ」
「なんだい、うっかり口もきけやしねぇ ……」　　　　　（古典落語：『無精床』）

たしかに、言葉じりだけを問題にするならば、沸いているのは水であり、ヤカンそのものが沸くはずはない。しかし、日常の経験世界における知識の一部として容器としての［ヤカン］とその中に入っている［水／お湯］の関係が明らかであるかぎり、いちいち「ヤカンの水／お湯」という必要はない。これらの関係の一部だけを言葉にするだけで、全体の意味は理解される。したがって、言葉の慣用からするならば、上の親方のへりくつは、大袈裟な茶化しの文句として了解される。むしろ、この親方の返答を茶化しの文句としてとることによって、この対話のやりとりの面白みが理解される。

(9) a. 庭を掃く。

   b. テーブルを拭く。

   c. 窓硝子を拭く。

　このトポニミーの現象と照応はどのようにかかわっているか。上にみて
きたように、この種の表現では、場所／空間とそこに位置づけられる対象
との関係が問題になる。この場合、照応の問題として興味深いのは、トポ
ニミーの表現から推定される対象（厳密には場所／空間に位置づけられる
対象）が、後続の照応表現の先行詞として機能することができるかという
点である。[6]

　次のトポニミーの表現（e.g. ［鍋］、［ドンブリ］、［一升瓶］）は、〈容器〉－
〈中身〉の空間の隣接関係を通して、代名詞の［それ］と照応関係にあるこ
とが理解できる。しかもこの場合には、いずれの文も容認可能である。

(10) i. a. 鍋を食べかけたが、うまくないので［それ］を猫にあげてし
　　　　　まった。

     b. 〈［それ］=［鍋の中身／食物］〉

  ii. a. ドンブリがでてきたので、すぐに［それ］を食べた。

     b. 〈［それ］=［ドンブリの中身／食べ物］

  iii. a. 一升瓶を飲みかけて、途中で［それ］をこぼしてしまった。

---

[6] 本書では、トポニミーは、空間／場所とそこに位置づけられる対象の隣接性にかか
わる現象に限定する。この点で、トポニミーは、広い意味でのメトニミーの一種とい
うことになる。

　照応は、広い意味でのメトニミーの表現にも関係している（Fauconnier 1985：5–6）。

（ⅰ）Plato is on the top shelf. It is bound in leather.

（ⅱ）Plato is on the top shelf. {He/*It} is a very interesting author.

この場合の照応に関係しているのは、〈作者（Author）〉–〈作品（Book）〉の隣接関係で
あり、本書で問題にするトポニミーの〈空間／場所〉–〈対象物〉の隣接関係ではない。

b. 〈[それ]=[一升瓶の中の酒]〉

この場合には、ゼロ照応 (i.e. [φ]) も可能である。((10) の有形照応と (10)′ のゼロ照応をくらべた場合、厳密には (10)′ のゼロ照応のほうが自然である。)

(10)′ i. a. 鍋を食べかけたが、うまくないので [φ] 猫にあげてしまった。
b. 〈[φ]=[鍋の中身／食物]〉
ii. a. ドンブリがでてきたので、すぐに [φ] 食べた。
b. 〈[φ]=[ドンブリの中身／食べ物]
iii. a. 一升瓶を飲みかけて、途中で [φ] こぼしてしまった。
b. 〈[φ]=[一升瓶の中の酒]〉

この種の照応の解釈は、かなり微妙であり適切性の判断は、問題のトポニミーの表現の慣用性にも左右される。トポニミーの表現としての [鍋]、[ドンブリ]、[一升瓶] の類は、これらの表現自体が食べ物 (ないしは飲み物) を表現する名詞としてかなり慣用化している。したがって、以上の照応関係の理解はそれほど不自然ではない。

これにたいし、次の (11) と (11)′ のタイプの照応は、(10)、(10)′ の照応にくらべて適切性が下がる。

(11) i. a. その皿をたいらげるまえに、*[それ] を少し取ってくれないかなあ。
b. 〈[それ]=[皿の食べ物]〉
ii. a. 庭を掃いて、*[それ] を捨てた。
b. 〈[それ]=[庭のゴミ、etc.]〉
iii. a. テーブルを拭いたが、*[それ] がなかなか取れない。
b. 〈[それ]=[汚れ、etc.]〉

(11)′ i.a. その皿をたいらげるまえに、?[φ] 少し取ってくれないかなあ。

    b. 〈[φ]=[皿の食べ物]〉

  ii.a. 庭を掃いて、?[φ] 捨てた。

    b. 〈[φ]=[庭のゴミ]〉

  iii.a. テーブルを拭いたが、?[φ] なかなか取れない。

    b. 〈[φ]=[汚れ、etc.]〉

　[鍋]、[ドンブリ]、[一升瓶] などの名詞は、単なる容器としての意味だけでなく、慣用化した意味として食べ物（ないしは飲み物）を意味する名詞としても機能する。これにたいし、[皿]、[庭]、[テーブル] のような名詞の類は、文脈がないかぎり（すなわちその名詞自体の意味をみただけでは）このような〈容器〉−〈中身〉の認知に基づく表現としては機能しない。

　同様の点は、次の例にもあてはまる。

(12) i.   A： 平安神宮の桜は今が満開だ。

     B： 是非 [それ] を写真におさめたいね。

  ii. A： 平安神宮は今が満開だ。

     B： 是非 *[それ] を／?[φ] 写真におさめたいね。〈[それ] ／[φ]=[平安神宮の桜]〉

(13) i.   阪神の凋落で大阪の人々はげんなりしている。[彼等] は／[φ] 去年まではあんなに威勢がよかったのに。

  ii. 阪神の凋落で大阪はげんなりしている。*[彼等] は／?[φ] 去年まではあんなに威勢がよかったのに。〈[彼等] ／[φ]=[大阪の人々]〉

(14) i.   兜町／霞が関の関係者に笑顔がもどった。[彼等] は／[φ] 最近までバブルの崩壊で意気消沈していたが。

  ii. 兜町／霞が関に笑顔がもどった。*[彼等] は／?*[φ] 最近まで

バブルの崩壊で意気消沈していたが。〈［彼等］／［φ］＝［兜町／霞が関の関係者］〉

　（12）−（14）の場合、ⅰの例は、通常の直接照応の例であるから問題はない。これらの例では、問題の代名詞（i.e.［それ］、［彼等］、［φ］）の先行詞は、先行文脈に直接表現されている。これにたいし、ⅱの例の場合には、先行文脈の問題の先行詞の部分は、トポニミーの表現になっている。これらの例のトポニミーの表現をふくむ先行文脈の表現それ自体は適切な表現である。（すなわち、「平安神宮は今満開である」、「兜町／霞ケ関に笑顔がもどった」、等の表現がトポニミーの表現として機能することには問題はない。）しかし、これらのトポニミーの表現は、文脈から独立した表現として慣用化されてはいない。したがって、ⅱの文脈において、これらの表現と代名詞（e.g.［それ］、［彼等］、［φ］（i.e. ゼロ代名詞））の照応の解釈は、自然なかたちでは成立しない。（ただし、有形代名詞の［それ］、［彼等］とゼロ代名詞の［φ］をくらべた場合には、ゼロ代名詞のほうが前者よりも自然に解釈される。）

　この種の照応が状況に依存するという点は、さらに次の例からも明らかになる。

（15）a.　あなたのグラスに注ぎますので、{［それ］を／［φ］} しっかり持っていて下さい。

　　 b.　〈［それ］／［φ］＝［グラス］〉

（16）i.　［コンテクスト無し］
　　　　あなたに注ぎますので、{*［それ］を／?［φ］} しっかり持っていて下さい。
　　　　〈［それ］／［φ］＝［グラス］〉

　　 ii.　［コンテクスト（e.g. パーティ、その他）］
　　　　あなたに注ぎますので、{［φ］／*［それ］を} しっかり持って

いて下さい。

〈[[φ] ／ [それ]=[グラス]]〉

　(15a) の文の場合には、代名詞の [それ] ／ [φ] の先行詞が文頭に [グラス] として明示されている。このような直接照応の場合は問題ない。これにたいし、(16) の場合には、文頭の [あなた] という表現によって [あなたの [グラス]] をトポニミー的に意味し、この [グラス] の部分を、後続の代名詞の [それ] ／ [φ] によって受けることができるかが問題になる。

　実際にこのタイプの文が適切に理解できるか否かは、しかるべき文脈が与えられているか否かによる。(16i) のように文脈なしの場合には、問題の照応は不自然である。しかし、(16ii) のようにパーティなどの状況で、話し手がグラスをもっている相手にむかって、このタイプの文を発した場合には、すくなくともゼロ照応の文は容認できる。

　ここまでは、問題の対象に関係する空間（ないしは場所）の部分だけが表現され、これにかかわる対象が後続の照応詞に間接的に呼応するトポニミーの例をみてきた。この種の照応の場合には、トポニミーの表現とみなされるのは、先行詞にかかわる表現のほうであり、照応詞のほうはトポニミー的な表現にはなっていない。

　これにたいし、問題の照応形それ自体が空間（ないしは場所）としてのトポニミー的な表現になっている例もみられる。

（17）　ROSE: You won't find any rooms vacant in this house.

　　　　MR SANDS: Why not? ……

　　　　ROSE: He told me [he] was full up.　(Harold Pinter, *The Room*: 118)

（18）　MEG（to MACCANN）: You clink my glass.

　　　　LULU（to GOLDBERG）: [You]'re empty. Let me fill [you] up.

　　　　GOLDBERG: It's a pleasure.　(Harold Pinter, *The Birthday Party*: 67)

（19）　THE STAGE MANAGER: …… Do you need any oil or gas?

ELMER: No, I think not. [I] just got fixed up in Newark.

（Thornton Wilder, *The Happy Journey to Trenton and Camden*: 69）

　（17）の［he］は、前後の文脈からみてアパートのオーナーであり、この
アパートとしての空間（ないしは場所）を間接的に意味する代名詞として
理解できる。（18）の［you］は、グラスをもっている主体であり、この主
体としての［he］が間接的にグラスを意味している。また、（19）の代名詞
の［I］は問題の車の主体であり、車を間接的に指示する代名詞として機能
している。[7]

　これらの例にみられる代名詞（i.e. ［he］、［you］、［I］）は、いずれも人間

---

[7]　状況のフォーカスとしての主体が、トポニミー的に機能する例としては、さらに
次の例が考えられる（山梨 1988a：100）。

　（i）　I'm out of gas.
　（ii）　Student: Closed already?
　　　　Librarian: No. We're open.

（i）の文が、例えばドライバーによって発せられた場合は、代名詞の［I］はその人物
の運転している車と照応的に呼応する解釈が可能である。また、（ii）の会話が閉館に
近い図書館でかわされている場合、代名詞の［we］は、問題の状況からして、図書館
と照応的に呼応する解釈も可能である。
　これらの例では、人物にフォーカスが当てられ、その状況にかかわる対象ないしは
場所のトポニミー的な表現として機能している。
　これにたいし、（iii）の例はどうか。この場合の［the door］は、間接的に［the visitor
at the door］を間接的に意味するトポニミーの表現として解釈できる。

　（iii）　THE WOMAN: Willy, are you going to answer [the door]! ……
　　　　WIILY: Will you stop laughing? Will you stop?
　　　　THE WOMAN: Aren't you going to answer [the door]?
　　　　　　［He］'ll wake the whole hotel.

（Arthur Miller, *Death of a Salesman*: 90–91）

この場合には、上の（i）、（ii）の例とは対照的に、対象としての物（i.e. ［the door］）に
フォーカスが当てられ、問題の状況でこの対象とかかわっている人物が間接的に指示
されている。

名詞である。したがって、これらの名詞それ自体は、通常は場所とか空間に関係する表現として使われることはない。しかし、状況によっては、この種の名詞に、ある対象にかかわる主体としての場所や空間（あるいは抽象的な意味での「容器」）としてのフォーカスがあてられ、トポニミー的な表現として機能することができる。(17)–(19) の問題の代名詞は、この種のトポニミー的な照応表現として機能している。[8]

5.4　メタファーと照応

　前節では、〈部分〉–〈全体〉の認知のプロセスにかかわるパートニミーと〈空間／場所〉–〈対象〉の認知のプロセスにかかわるトポニミーの表現が、

---

[8]　日常のコミュニケーションは、さまざまな時間、空間の制約のなかで行われており、現実のさまざまな認知の制約によっても規制されている。どのような言語手段を使うにせよ、伝えようとする現実の世界を明確に言葉にしてコミュニケーションをはかっていくわけではない。伝えたいことのすべてを具体的に言葉にしていくことは厳密には不可能である。

　次の例は、日本語の「ウナギ文」(cf. 奥津 1978) に相当する表現として解釈できる。一般にウナギ文は、日本語に特有の表現のように言われる傾向がある。しかし、次の英語の例もこの種の用例とみなすことができる。

(i)　THE WOMAN: ......Are [you] football or baseball?
　　BIFF: Football.　　　　　　　　　　　　　　（Arthur Miller, *Death of a Salesman*: 94)
(ii) Doreen: Poached eggs is [you], isn't it?

　　　　　　　　　　　　　　　　　　（映画：Separate Tables, *United Artists*, 1959）

フランス語では、「私はコーヒーです」という場合に、(iii) のような表現が使われる (cf. 朝倉 (1984：224)、平塚 (1991：21)。

(iii) Moi, c'est un cafe.

これは、NP–1, c'est NP–2 の構文の一例であるが、この種の構文にかかわる指示代名詞は、その先行文脈の NP–1 を指示しているというよりも、それにより活性化された事象や対象を間接的に指示している。このタイプの指示代名詞の問題に関しては、さらに平塚 (1991：21–23) を参照。

照応現象とどのようにかかわっているかを、日本語と英語の具体的な現象に関して考察した。パートニミーとトポニミーは、「近接性」ないしは「隣接性」(contiguity) の認知がかかわる言葉のあや (i.e. 広い意味でのメトニミー) の一種とみなされる現象である。この種の言葉のあやにたいし、「類似性」(similarity) の認知のプロセスがかかわる言葉のあやはメタファーとして区別される。この種の言葉のあやも、日常言語の伝達において重要な役割をになう。以下では、メタファーと照応がかかわる言語現象をみていくことにする。

5.4.1 擬人化／擬物化と照応

メタファーと呼ばれる言葉のあやの一つは、「擬人化」である。一般に擬人化というと、特殊な表現のようにみなされる。しかしこの種の表現は、伝達の重要な手段の一つになっており、話し言葉、書き言葉をとわず日常言語のなかに自然なかたちでいきわたっている。

擬人化は、人間の叙述にもちいられる表現を人間以外の対象に適用していく表現手段であるが、逆に無生物の叙述にもちいられる表現が人間に適用される表現手段は、「擬物化」ということになる。擬人化にも擬物化にも、あるものを他のなにかに見たてる存在論がはたらいている。この点で、これらの表現手段は、いずれも広い意味でのメタファーの一種とみなすことができる。

次の例では、この擬人化と擬物化の認知プロセスが照応現象とからみあっている (山梨 1988a：128–130)。

(1) On one occasion, ……, when Mark was not drinking milk, Alan called him to his place at the table and said 'I'm a service station. What kind of car are you?' Mark, quickly entering into the make-believe, said, 'Pord.'

Alan: 'Shall I fill her up?'

Mark: 'Yes.'

Alan: 'Ethyl or regular?'

Mark: 'Reg'lar.'

Alan: (bringing the glass to Mark's mouth) : Here you are.

(Samuel I. Hayakawa, *Communication Barrier*: 33)

　これは、Alan と Mark の兄弟の会話のひとこまである。この場面では、弟の Mark がなかなかミルクを飲もうとしない。Alan は、何とか弟にミルクを飲ませたい。そこで、Alan は自分をガソリンスタンドに見たて、Mark を車に見たてさせる。この Alan の見たての背景には、さらにミルクがガソリンであるという見たてが前提として存在する。この種の見たての一部は表 6 の A のように整理される。

表 6

A. i.　a. [ガソリン] → [ミルク]
b. [ガソリンスタンド] → [Alan]
c. [車] → [Mark]
ii.　[車がスタンドでガソリンを入れる]
→ [Mark が Alan からミルクをもらって飲む]

B. i.　擬物化のプロセス：
[Mark] → 〈物の見たて〉 → [car]
ii.　擬人化のプロセス：
[car] → 〈人間の見たて〉 → [her]

　これは、子供の「ごっこ遊び」の典型例ともいえる。Alan は、ガソリンスタンドに扮する自分が、車に扮する Mark にガソリンを入れるという「ごっこ遊び」を通して、弟にミルクを飲ませるという目的を見事に達成

している。(1) の会話は、このような物の見たてを前提として会話をすすめていく子供の象徴能力を裏づける例として注目される。

この会話では、さらにこの見たてに参加する子供の視点のとり方とこの視点に基づく代名詞の用法が注目される。この会話のなかでは、Alan は車に見たてられている Mark にたいして、'Shall I fill her up?' と聞いており、これにたいし Mark が 'Yes.' と答えている。この場合、車とみなされている Mark にたいし、二人称の代名詞ではなく三人称の代名詞がつかわれている。したがって、Alan と Mark の二人は、「ごっこ遊び」としての [車] の見たてに参加しながらも、同時にこの見たてを第三者的な視点から客観的にながめている。

またこの場合、Mark は、物としての車に見たてられているが、it のような文字通りの物に言及する代名詞ではなく、人物に言及する女性代名詞の her がつかわれている。したがって、この会話の Mark と車に関する見たては、表 6 の B に示されるように、Mark が物としての車に見たてられながら、同時にこの車が、人間の女性としてさらに擬人化されるという二重の認知プロセスを経ていることになる。

擬人化が照応にかかわる例としては、さらに次の例が考えられる。

(2) We have [a time clock]. It's really terrible. You have a card that you put in the machine and it punches the time you've arrived. If you get there after eight-forty-five, [they] yell at you and [they] scream a lot and say, "Late!" Which I don't quite understand ……

(Studs Terkel, *Working*: 344)

ここでは、文脈からして [a time clock] が擬人化のプロセスを介して代名詞の [they] と照応的に関係していることは直観的にあきらかである。しかしこの場合、先行詞としての [a time clock] は単数であり、後続の代名

詞の［they］は複数である。したがって、単純に［a time clock］を［they］の
先行詞とみなすことはできない。

　この照応のプロセスは、さらにダイナミックに解釈できる。この場合、
文脈からみてタイムクロックの機械が、仕事場にきた人の到着時刻をカー
ドに打ち出すわけであるが、遅れてくるたびに「遅刻！」を表示するカー
ドが出てくる状況が伝えられている。したがって、このテクストの代名詞
の［they］は、むしろ遅刻のたびに打ち出されるカードを総称的に指して
いる用法と考えることもできる。（この種のオンライン・プロセスの文脈
の変化との関連からみた照応表現の解釈の問題に関しては、さらに4章2
節を参照。）9) 10)

---

9)　　次の例の場合にも、照応に擬人化がかかわっている。この例では、代名詞の
［they］と［she］が問題になる。後者の［she］は、文脈からして、［a bus］を擬人的にう
けている。これにたいし前者の代名詞は、それ自体をみるかぎり、先行文脈の［those
trucks］をうけているだけであり、通常の用法のようにみえる。

> '[Those trucks] think [they] own the road,' he said. He let one hand slide away from
> the steering-wheel. One-handed, he whipped around [a bus]. 'What'll [she] do on the
> open road?'　　　　　　　　　　　　　　（John Updike, Friends from Philadelphia: 46）

　しかし、この代名詞の［they］は、無生物（inanimate）の先行詞の［those trucks］と照
応的に呼応しているにもかかわらず、有生（animate）の主語をとる動詞の think と共起
している。この点からみるならば、この代名詞も擬人化がかかわる用法の一例といえ
る。
　ただし、この代名詞の［they］は、トラックに乗っている運転手を間接的にさすメト
ニミー（ないしは本書でいう意味でのトポニミー）の用法と解釈することも可能であ
る。この解釈をとるならば、［they］はメトニミー（ないしはトポニミー）の認知のリ
ンクを介して有生の主語として理解され、動詞の think と共起している事実が自然に
理解される。この解釈をとるならば、問題の代名詞の［they］は、かならずしも擬人化
の用法ということにはならない。

10)　次の引用の一部（i.e.「あの［音］の歩み寄つて来る ……」）も、擬人化的な表現
のようにみえる。しかしこの場合には、〈主体〉とその行為の属性（この場合には〈歩
いて来る足音〉）の関係に基づくメトニミー的な表現の一種とみなされる。

5.4.2　イディオム vs. メタファーと照応

一般に、照応表現は、通常は文字通りの意味を表現する文やテクスト、談話のなかで用いられるものと考えられる。この事情から、照応の研究では、この文字通りの表現を研究のターゲットにするのが普通であり、イディオムやメタファーがかかわる表現と照応の関係は考察されていない。ここでは後者の問題を考えてみたい。

一般に、イディオムとして慣用化されている意味も、根源的には生きたメタファーとしての意味が慣用化されているのが普通である。当初は、伝達の特定の場面で状況に依存しながら創造的に伝えられていたメタファーとしての意味が、やがてイディオムの意味として慣用化されていく例は広範にみられる。

しかし、状況に依存しながら創造的に伝えられるメタファーの用法 (i.e. 生きたメタファーの用法) と、慣用化されたイディオムの用法とでは、照応その他の振舞いに違いがみられる。

イディオムとメタファーの具体例としては、次の (1)、(2) の例が考えられる。(1) は「手を貸す」というイディオムをふくむ表現である。(1) の i の文は、ii の慣用的な解釈が可能である。これにたいし、(2) の「爆弾を持ち込む」という表現をふくむ文は、文字通りの意味とメタファーの意味で曖昧である。

(1) i.　彼は友人に手を貸してやった。

　　ii.　(慣用的な意味)＝[彼は友人を助けてやった]

(2) i.　(＆) 彼はその会議に爆弾を持ち込んだ。

　　ii.a. (文字通りの意味)＝

　　　　[彼はその会議の場に文字通り爆弾を持ち込んだ]

つたつたつた。郎女は、一向、あの [音] の歩み寄つて来る畏しい夜更けを、待つやうになった。…… 姫は夜毎、鶏のうたひ出すまでは、殆、祈る心で待ち続けて居る。　　　　　　　　　　　　　　　　　(折口信夫『死者の書』：125)

　　b.（比喩的な意味）＝

　　　［彼はその会議に驚くような話題を提供した］

　一般に、典型的なイディオムの場合、その意味がある時点で文脈から独立して慣用的な意味として固定した場合、その表現全体があたかも一つの単語のように振舞うようになる。すなわち、自律的な一つの形式的な単位として振舞うようになる。このように自律的な単位として機能するようになれば、その構成要素の一部にたいして代入の操作や移動、削除などの操作を適用することが不可能となる。

　これにたいし、創造的なメタファーの場合はどうだろうか。この場合には、問題の表現は、その文脈や状況によって文字通りの意味にもメタファーの意味にも解釈できる。しかも、この場合のメタファーの解釈は、この表現がつかわれる文脈、状況に依存してはじめて成立する。言いかえれば、メタファーとしての意味は、その文脈、状況から独立して解釈されるわけではなく、その文字通りの言語表現の語用論的な解釈に依存する。したがって、形式的にみた場合、このような表現は自律的な一つの単位ではなく、その構成素にたいし、かなり柔軟な統語的な操作が適用できることが予想される。

　事実、照応がかかわる代入の操作や省略、移動、付加などの基本的な操作のテストがイディオムとメタファーの振舞いの違いを示す。両者の違いは、次のテストによって明らかになる。

表7

[統語的な操作]

1.〈空所化〉:

  i. ＊父は息子に手を、母は本を貸してやった。

  ii.　A氏は会議に爆弾を、B氏はミサイルを打ち込んだ。

2.〈分裂化〉:

  i. ＊父が息子に貸したのは手だ。

  ii.　A氏が持ち込んだのは爆弾だ。

3.〈等位構造化〉:

  i. ＊父は息子に手を貸し、母は娘に本を貸してやった。

  ii.　A氏は編集会議に爆弾を持込み、B氏は重役会議にミサイル
を打ち込んだ。

4.〈修飾〉:

  i. ＊彼は大きな手を貸してやった。

  ii.　A氏はその会議に大きな爆弾を持ち込んだ。

5.〈代名詞化〉:

  i. ＊父は息子に手を貸した。息子は[それ]を貸してもらって喜
んだ。

  ii.　A氏は会議に爆弾を持ち込んだが、他の連中は[それ]を会
議に持ち込んだことに抗議した。

（山梨 1988a：76）

　たとえば、省略の操作がかかわる1の空所化のテストでは、iのイディ
オム（「手を貸す」）にはこの操作は適用できないが、iiのメタファー（「爆
弾を持ち込む」）にはこの操作の適用が可能である。後者のメタファーは、
この種の操作をほどこしても、文脈に応じて文字通りの意味とメタファー
のいずれの解釈も可能である。

2 の移動の操作、3 の省略の操作、4 の付加の操作、5 の代入の操作を適用した場合にも、イディオムとメタファーのあいだには、統語的な振舞いに関する基本的な違いがみられる。[11]

これらの例から明らかなように、一般に問題の表現が純粋にイディオムとして機能する場合には、この表現の構成要素の一部にたいしては代入その他の操作を適用することはできない。これにたいし、上にみたように、その表現が創造的なメタファーとして使われる場合には、文字通りの意味だけでなくメタファーの意味を伝える場合にも、その表現の構成要素にたいし照応にかかわる代入の操作、移動、削除、付加などの操作を適用することが可能である。[12]

---

[11] 英語の場合にも、照応や省略が修辞的な表現に関係する例がみられる（Langacker 1987：24）。

  (i) a. Anthony stole her heart and then he broke it.

     b. First he broke her heart and then her spirit.

  (ii)   *The surgeon operated on her heart and then he broke it.

ただし、照応や省略が可能なのは、あくまで修辞的な文脈が一貫している (i) のタイプの例にかぎられる。(ii) の場合には、文の前半が文字通りの文脈になっているため、不適切な文になる。

[12] メタファーと削除の操作がかかわる例としては、次のような文が考えられる。

  (i) 顔を見合わせて笑うふたりの目が遠い日の「少女」（[φ]）になった。

               （成田きん・蟹江ぎん『百歳まで生きんしゃい』：30）

  (ii) a. 天使のような顔をしているが、あの女のすることはまるで悪魔（[φ]）だ。

      b. 秀吉の顔は猿（[φ]）のようだ。

      c. その子たちの服装はまるでビートルズ（[φ]）のようだ。

                        （吉川 1990：82）

これらのうち、(i) と (ii) の a はいわゆる隠喩（せまい意味での metaphor）、(ii) の b‐c は直喩（simile）の例である。前者の隠喩の場合には、（[φ]）の部分は、それぞれ [の目]、[のすること]、後者の直喩の場合には（[φ]）の部分は、[の顔]、[の服装] の部分が、これらの表現に相当する先行文脈の表現との関連で削除されている。

5.5 ゼロ照応とレトリック

一般に照応現象を問題にする場合には、先行詞と照応詞が、表層の言語レベルに明示される現象にかぎられるのが普通である。したがって、主語とこれに後続する述語表現の構成要素の意味的な呼応関係や形容詞、関係節などの修飾表現の構成要素と主要部（i.e. 被修飾要素）の呼応関係などは、照応関係のなかにはふくまれないのが普通である。しかし、照応の解釈によっては、この種の意味関係も広い意味での照応関係にふくまれる。

本節では、この後者の言語現象にかかわる照応の問題を、とくに主語の照応的な解釈の問題、修飾部と主要部の照応関係の問題を中心に考察していく。ただし、以下では、とくにこれらの問題にレトリックの要因がかかわる現象を考察していく。

5.5.1 主語の照応的解釈と選択制限

日常言語の伝達では、文脈や状況、場面から予測できる部分は、省略されたり簡潔な言いまわしによって表現されるのが普通である。この点は、とくに主題やトピックとしての主語の部分にあてはまる。とくに日本語の場合には、よく指摘されるように、主語に相当する部分が表現されない傾向にある。[13]

また、日本語にかぎらず、一般に主題やトピックに関する叙述が続く場

---

[13] ただし、主題（ないしはトピック）が省略されるか否かは、対話や談話のタイプによっても異なる。

ATR の自動翻訳電話研究所のグループの報告によれば、キーボードを媒介にした端末対話と通常の電話対話を比較した場合、次に示されるように、後者の対話のほうが主題が省略されない傾向にあり、また一般にゼロ照応ではなく有形の代名詞による照応が用いられる傾向にある（飯田 1988a：51、1988b：122）。

A：登録料はおいくらですか。
B：登録料は 1,600 円です。
A：それは、私、学生なんですけれども、学生割引はないんですか。

合には、叙述にかかわる述部だけが後続の表現として展開していくのが自然である。この叙述の展開がそれほど長くならない場合には、叙述の対象となっている主語の解釈はそれほど問題にはならない。[14]

しかし、あるひとつの主題（ないしはトピック）にたいする叙述の展開が長くなっていく場合には、先行文の主語と後続文の主語の照応関係や主部−述部の選択制限の解釈が複雑になり、かならずしも主題の指示対象と後続の述語の主語にあたる部分の呼応関係が整合的に展開していかない事例も存在する。次の例をみてみよう。

(1) 高瀬舟は、黒ずんだ京都の町の家々を両岸に見つつ、東へ走って、加茂川を横ぎって下るのであった。

（森鴎外『高瀬舟』：107）

この文は、一見したところ高瀬舟について叙述している普通の文のようにみえる。しかし、主題の高瀬舟とこれを叙述している後続の述語との意味関係をみた場合、両者の関係はそれほど単純ではない。(2) のように、後続のそれぞれの述語の直前に主語に相当する部分として [φ] を補ってみると問題がより明確になる。

(2) 高瀬舟は、黒ずんだ京都の町の家々を両岸に見つつ、[φ] 東へ走って、[φ] 加茂川を横ぎって [φ] 下るのであった。

---

[14] 日本語の場合、とくに同じ主題が先行文から後続文にひき継がれる場合、一般に後続文の主題が省略されていると考えられている。日本語における主題の省略の問題に関しては、とくに三上(1960：2 章 2 節)、久野(1978：1 章 9 節)、Yamanashi(1989：295–299)、等を参照。(三上の場合には、主題を題目、その省略を略題とよんでいる)。ただし、主題が省略されているのか最初からゼロ形式として規定されるかは、本書では問題にしない。どちらの立場も、本書の主題の照応的解釈の問題と矛盾しない。

　この場合、(3) のように、(2) の [φ] に相当する部分を主題の〈高瀬舟〉によって補った場合の主語とこれに後続する述語の意味関係が問題になる。

(3)　a.　〈高瀬舟は〉$_{-i}$、…… 家々を両岸に〈見つつ〉、……。
　　　b.　[φ]$_{-i}$(=〈高瀬舟は〉)、…… 東へ〈走って〉、……。
　　　c.　[φ]$_{-i}$(=〈高瀬舟は〉)、…… 加茂川を〈横ぎって〉、……。
　　　d.　[φ]$_{-i}$(=〈高瀬舟は〉)、……〈下る〉……。

　とくに問題になるのは (3a) である。この場合、主語の〈高瀬舟〉は文字通りには無生物 (inanimate) の名詞である。したがって、通常は選択制限からみて、有生 (animate) の名詞を主語にとる述語がこの種の名詞を主語にとるはずはない。にもかかわらず、主語の〈高瀬舟〉は、有生の名詞を主語にとる〈見つつ〉という動詞と共起している。したがって、この文を文字通りにとるならば、選択制限に違反した文ということになる。
　しかし、この種の例も、日常言語のメカニズムを特徴づける認知的な視点 (とくに本章の 5.3.2 節のトポニミーによる認知的な視点) からみるならば、特別に不自然な文ではない。
　このトポニミーの視点からみるならば、〈高瀬舟〉という表現から、空間 (ないしは場所) の隣接関係を介して、この舟に乗っている〈人間〉が自然に含意される。すなわち、〈高瀬舟〉からトポニミーのリンクを介してその舟に乗っている〈人間〉が間接的に指示される。したがって、(3a) の文は、表面的には選択制限に違反しているようにみえるが、このトポニミーに基づく指示関係により (3a) の文の主語が舟に乗っている〈人間〉を含意し、後続の述語として〈見つつ〉という表現がくることが自然に理解される。[15]

---

[15]　次の例の「舟こぞりて泣きにけり」の〈舟〉の部分も、同種の例と考えられる。

　　「これなむ都鳥」といふをききて、名にし負はばいざこととはむ都鳥わが思ふ

　(3a) の主語と述語の意味関係はこの線にそって理解できるが、(3b)–(3d) の文の述語と呼応する [φ] の部分の解釈はどうか。(3b)–(3d) の述語の部分 (i.e. 〈走って〉〈横ぎって〉〈下る〉) は、(3a) の文の〈見つつ〉という述語と異なり、かならずしも有生の主語を要求する動詞ではない。この種の動詞は基本的には移動に関係する動詞であり、その主語が移動にかかわる存在であるならば、有生の名詞だけでなく無生の名詞でもその主語になり得る。

　このようにみてくるならば、(3) のテクストの文頭にきている主題の〈高瀬舟〉という表現は、後続の述部の動詞にたいし、単純に無生物ないしは有生物を意味する主語として機能しているとは言えなくなる。むしろ、この表現は、その述部の展開 (i.e. 〈見つつ〉→〈走って〉→〈横ぎって〉→〈下る〉という叙述の展開) に応じて、その意味機能が柔軟に変化していることが理解される。換言すれば、主語と述語の選択制限 (およびそれぞれの述語と呼応する主語の意味解釈) は、時間軸にそったテクストの展開のプロセス (i.e. テクストの情報処理のオンライン・プロセス) に応じて柔軟に変化するのであり、文脈から独立した主語と述語の絶対的な意味解釈がなりたたないことが、この種の事例から理解される。

　以上の例にみられるように、一般に、主題やトピックがあきらかな場合には、その部分はくりかえされず、その叙述にかかわる述部の部分だけが表現されていくのが自然である。主題やトピックに相当する部分は、一般に文脈や状況から自然に理解される。しかし、つねに主題やトピックにあたる部分の意味内容が、はっきりしたかたちで理解できるとはかぎらない。次の例はどうか。

　　人はありやなしやととよめりければ、舟こぞりて泣きにけり。

(『伊勢物語』：九段)

この種の例に関しては、さらに 5.3.2 のトポニミーと照応に関する節を参照。

(4) 「お父さんは、蚊に食われないたちだからいいね」
「まずいんだよ、きっと」

(曾野綾子『神の汚れた手（下）』：58)

　この文の主題ないしはトピックは、〈お父さん〉の部分であることは、第一文から明らかである。したがって、これに後続している第二文 (i.e.「まずいんだよ、きっと」) の主語は表現されていないが、第一文からの叙述の展開からすれば、〈お父さん〉になるはずである。((5) の [N]$_{-i}$ は、問題の表現が同一指示の関係にあることを示す。)

(5) 「[[お父さん]]$_{-i}$ は、蚊に食われないたちだからいいね」
「[φ]$_{-i}$ まずいんだよ、きっと」

(6) a. [お父さん] はまずいんだよ、きっと。
b. [お父さんの血] はまずいんだよ、きっと。

(7) 〈主語の復元のプロセス〉：
a. 照応のリンク：[φ] → [お父さん]
b. パートニミーのリンク：[お父さん] → [お父さんの血]

　この関係を、ゼロ照応とその復元の問題としてとらえるならば、(5) に示されるように、第二文の主語に相当する部分 (i.e. [φ]) が、ゼロ照応詞として第一文の〈お父さん〉にあたる先行詞と照応的に呼応していることになる。したがって、このテクストの形式に準じて解釈するならば、第二文は (6a) のように復元されることになる。
　しかし、第一文の蚊に食われるかどうかという話題からして、第二文の [まずいんだよ] の主語は、厳密には [お父さん] 自身 (cf. (6a)) ではなく、[お父さんの血] (cf. (6b)) である。(蚊にとってまずいのは血の部分であるから。) したがって、この種のテクストの第二文の主題の意味の理解には、

ゼロ照応の先行詞の復元だけでなく、〈部分〉-〈全体〉の関係に基づくパートニミーのリンクによる復元の認知プロセス（cf. (7a)-(7b)）もかかわっている。

　以上の例では、主題ないしは主語の解釈に、〈部分〉-〈全体〉ないしは〈容器〉-〈中身〉といった、かなり一体化した隣接性の関係がかかわっている。しかし、次の場合には、空間や状況をふくむさらに広い意味での隣接性の関係が主体の解釈にかかわっている。

(8)　「黒がいいようじゃありませんか」と、私は高橋四段に聞いてみると、「ええ、黒勝ちですね。黒が厚くて、白は苦しいですね」と、四段は言った。　　　　　　　　　　　　（川端康成『名人』：132）

　(8) は、囲碁を観戦している側からみた戦況の描写である。この場合、[黒] と [白] は、黒の石と白の石の対局者を指していることは文脈から理解できる。しかし、ここでの描写には、対局の主体である人物を直接に示す表現はどこにも使われていない。(8) で対局者としての主体に関して使われているのは、[黒] と [白] という石の色の属性に関する表現だけである。

　にもかかわらず、(8) のような囲碁の文脈では、この石の色の属性から (9) に示されるような認知のプロセスを介して、[黒] と [白] の表現が、主体としての対局者を示していることが自然に理解される。

(9) a.　[黒] → [黒い石]
　　　　[白] → [白い石]
　　b.　[黒い石] → [黒の石の対局者]
　　　　[白い石] → [白い石の対局者]

　この場合、言語表現として明示されているのは、厳密には黒と白の色の表現であるが、この色の属性から［黒の石］、［白の石］がメトニミー（ないしはパートニミー）的に理解され、さらにこの石それ自体が、トポニミーの認知のプロセスを介して、空間的にこれと隣接関係にある対局者を間接的に示していることになる。

　これを描写する側からみるならば、問題の語り手は、対局者としての主体に空間的に隣接している石の色の属性だけを表現することによって、逆にその属性をになう石、その石からこれと空間的に隣接関係にある対局の主体としての人物を間接的に叙述していることになる。[16]

5.5.2　修飾部と主要部の照応

　一般に連体修飾の場合には、修飾部分と主要部（ないしは被修飾部）をつなぐいわばピボットとしての共通の名詞が存在し、これが連体修飾の文法的な関係を可能にしている。たとえば、「さんまを焼く母親」のような表現はその典型例である。このような通常の連体修飾の場合には、ピボットとしての主要部を主語にし、修飾部を述部にすることにより、主部 − 述部の関係からなる文へのパラフレーズ（e.g.「母親がさんまを焼く」）が可能になる。

　これにたいし、一見おなじタイプの連体修飾の表現にみえながら、連体修飾の構造から主部 − 述部の構造への転換ができない例も存在する。その一例としては、「さんまを焼く匂い（がする）」があげられる（寺村 1975）。

　寺村は、この種の例を「外的」修飾の表現として、通常の「内的」修飾の表現から区別している。寺村によれば、この例は、（イ）：［（或る）匂い

---

[16]　〈主体〉と〈付属物〉の近接性の認知に基づく次のような表現（i.e.［角帽］、［学生服］）も、メトニミー的な表現の一種として興味深い。

> 実を言ふとぼくも驚いてしまって ……。［角帽］と同じやうにぼんやり立ってゐたんです ……。ですから、あのとき無帽の［学生服］がいきなり襲ひかかって来たらどうなったか判りません。　　　　　　（丸谷才一『だらだら坂』：161）

がする］の部分と（ロ）：［さんまを焼く］の部分に分けることができるが、「（イ）、（ロ）を結びつける共通の名詞、つまり結び目がこの場合にはない」（寺村 1975：109）。つまり、このタイプの例では、修飾部分と主要部（ないしは被修飾部）をつなぐいわばピボットとしての共通の名詞が存在しない。一見したところ、「匂い」の部分が、ピボットのように考えられるが、この部分を主語にして主部－述部の表現をつくることはできない（e.g. *「匂いがさんまを焼く」）。

　この「外的」修飾の典型例としては、次の例があげられる。[17]

(1)　　鳥の羽音、さえずる声。風のそよぐ、鳴る、うそぶく、叫ぶ声…… 空車荷車の林をめぐり、坂を下り、野路を横ぎる響き。

（国木田独歩『武蔵野』：13–14）

(2) a.　乙女が田で稲をこく姿

　　b.　静寂なお茶のおもてが …… 濁って泡立つさま

　　c.　看護婦のカミソリが脇を動く感触

(3) a.　魚を焼く煙

　　b.　戸をがらりと開ける音

　　c.　子供が遊んでいる声

　　d.　朝顔の赤く咲いた色

　このタイプの表現に関する位置づけは一定していない。たとえば、奥津（1974）は、この種の主要部の名詞は、先行する補足文の内容全体と同格なのではなく、その中の一部としての「コト」、「サマ」、「感ジ」と同格であるとして、これを同格連体名詞の一種として位置づけ、〈部分的同格連体名詞〉と呼んでいる。

　問題の事例にたいする呼びかたはどうであれ、寺村も奥津もこの種の連

体修飾の表現を通常の連体修飾とは区別しており、一般的な連体修飾の基本的な関係から、この種の表現を再規定する可能性は検討していない。

　しかし、この線にそった「外的」修飾の再規定も不可能ではない。一例として、(4) の連体修飾の表現をみてみよう。(4) の例の修飾部 (i.e. (5a)) には、主要部のピボット (i.e. (5b)) に呼応する名詞は存在しない。

(4)　　母親が台所で食事の準備をする {声、音、気配、etc.}
(5)　a.　修飾部分：[母親が台所で食事の準備をする]〈S〉
　　　b.　主要部：[声、音、気配、etc.]〈N〉
(6)　a.　〈S〉：[料理のイヴェントスキーマ]
　　　b.　→〈N〉：デフォールト値：{声、音、気配、etc.}

しかし (6) に示されるように、この種の名詞は、修飾部の命題内容 (i.e. 〈S〉：[料理のイヴェントスキーマ]) から典型的な値 (デフォールト値) として引きだされ、このデフォールト値が主要部の名詞と共通のピボットとなり、連体修飾の表現が可能となる。換言するならば、問題の修飾部の命題内容のスキーマからデフォールト値として間接的に引きだされる意味要因が、被修飾部 (i.e. 主要部) の名詞に相当する意味要因と同一の表現として間接的に照応することにより、問題の連体修飾の表現が可能になる。

　このようにみるならば、「外的」修飾の現象は、これまでのように例外的にあつかうのではなく、通常の連体修飾の特殊例として再規定することが可能となる。(連体修飾のこの方向での一般的な規定に関しては、さらに山梨 (1991：51–54) を参照。)

　連体修飾の表現の意味解釈には、このように修飾部の命題内容の一部にたいする補完の認知プロセスがかかわっているだけでなく、被修飾部 (すなわち主要部) の補完のプロセスも関係している。

　たとえば、「デンワをとった」という文は、特殊なコンテクストがあたえられなくても、慣用的に [デンワの受話器をとった] という解釈が可能

である。このように、一般に修飾部だけが言語化され、修飾される主要部は慣用的に補完される例が広くみられる。(7) は、その一例である。

(7) a. デンワ（の受話器）をとった。
　　b. メガネ（のレンズ）が曇っている。
　　c. やかん（のお湯）が沸騰している。
　　d. このレストラン（の料理）はまずい。
　　e. 兜町（の関係者）は動揺している。

　(7) の場合、（　）の部分を省いた表現と補った表現は、かならずしも同意であるとはかぎらない。デンワの場合には［デンワの受話器］、メガネの場合には［メガネのレンズ］というように、その解釈がかなり慣用化している場合もある。しかし、ここでは (7) の（　）の部分は省略されているのではなく、〈部分〉-〈全体〉、〈入れ物〉-〈中身〉等の隣接関係に基づくパートニミー（ないしはトポニミー）の認知の復元プロセスを介してデフォールト値として補完されるという立場をとる。[18]
　以上の例では、連体の被修飾部の補完が問題になるが、(8) の場合には、修飾部の補完的な解釈が問題になる。

(8) a. ｛頭の良くなる／試験に受かる｝本
　　b. 着痩せする服
　　c. 儲かる株

---

[18]　次のような古代語の例も、連体の被修飾部分の補完が問題になる例といえる（cf. 山口 1991：36）。

　　歌よむといはれし末々は、すこし人よりまさりて …… などいはればこそ、か
　　ひある心地もし侍らめ　　　　　　（『枕草子』：「五月の御精進のほど」[99]）

この例の下線部は、［歌よむといはれし（人の）子孫］と解釈されるが、この場合の（人の）の部分は、前後の言語的な文脈から補完される。

　(8) の例の修飾部は、短絡的な表現であり補完的な解釈が可能である。吉川 (1990) は、この種の表現は、[(その本を読めば) 頭がよくなる／試験に受かる (その) 本]、[(その服を着れば) 着痩せする (その) 服]、[(その株を売買すれば) 儲かる (その) 株] のような表現を省略した短絡的な表現であるとしている。省略分析の立場にたつならば、(8) のタイプの表現は、この種の意味を反映する深層構造から派生されることになる。[19]

　しかし、(8) のタイプの表現にたいして、文脈から独立に唯一的な深層構造を決めることは不可能である。省略分析で設定される深層レベルの意味は、あくまで典型値 (ないしはデフォールト値) として認められる。(文脈によっては、他の深層レベルのパラフレーズの解釈も可能である。) したがって、ここでは省略分析の立場はとらない。そのかわりに、(8) の表現の深層レベルの意味は、デフォールト的な認知のプロセスによって補完されるという立場をとる (cf. 山梨 1991：51–54)。

5.6　コソアの拡張と照応関係

　一般に、現代語の用法としては純粋に人称代名詞として機能している表現のなかにも、歴史的には他の用法からの転用のプロセスを介して派生してきたと考えられる例が存在する。そのなかでも、いわゆるコソア系の代用表現はとくに注目される。この種の表現は、基本的に方向や場所を示す指示表現として機能していたものと考えられるが、この表現の一部は、転

---

[19]　連体修飾の短絡的な表現の解釈の問題は、言語外の文脈にも依存する。たとえば、「切符の赤い方」(cf.「赤い切符を持っている人」) と「背の高い人」(cf.「身長の高い人」) を同じタイプの短絡表現とみなす見方もある (cf. 橋本 1948：191)。

　しかし、前者の短絡的な表現の解釈は、後者のタイプの表現とくらべ、厳密には言語外の知識にかなり左右される。(すなわち、「切符の赤い方」という表現は、言語外の文脈によっては [赤い切符を収集する人]、[赤い切符を手に入れた人]、等、さまざまな解釈が可能であり、問題の短絡的な表現それ自体からは一律に解釈が決められない。)

用のプロセスを介して間接的な代用機能をにない、人称代名詞として機能するようになっている。

　コソア系の指示表現の基本的な特徴は、佐久間（1951）によって体系的に規定されている。

　　　話し手とその相手との相対して立つところに、現実の場ができます。その場は、まず話し手と相手との両極によって分節して、いわば「なわばり」ができ、その分界も自然にきまって来ます ……。前者は「ここ」に当り、後者は「そこ」に当るという関係になります。これをそれぞれ（コ）と（ソ）で代表させますと、それ以外の範囲はすべて（ア）に属します。　　　　　　　　　　　　　（佐久間 1951：34–35）

　佐久間は、このコソア系の指示表現が人称の代用表現になっている例を、自称（e.g. こち、こなた、この方）、対称（e.g. そち、そなた、その方）、他称（e.g. あなた、あの方）として区別し、自称はいわゆる「近称」（コ系）から出たもの、対称は「中称」（ソ系）から出たもの、他称は「遠称」（ア系）から出たものとしている（佐久間 1951：37）。[20) 21)]
　佐久間のあげている指示表現の人称代名詞としての用法の一部は、すでに古い用法になっている。たとえば、「そち」、「そなた」などの表現は、

[20)]　ここで問題にしている、〈近称／中称／遠称〉の規定は、伝統的には、山田（1908）の用法による。

　　　「人、事物及場所、方向につきては第二者よりも第一者に空間的に精神的に親
　　　近せるものは之を近称といひ、第一者よりも第二者に近きか親しきかを中称と
　　　いふ ……。第一者、第二者に共に近きか親しきかの関係を離れて指示するもの
　　　を遠称といふ。」　　　　　　　　　　　　　　　　　（山田 1908：189–190）

[21)]　一般に、この佐久間の規定に代表されるコソアの指示表現は、複数の対話者がかかわる談話の場面との関係で問題にされるが、「独り言」におけるコソアの問題は等閑視されている。この後者のコソアの問題に関しては、黒田（1979）を参照。

現代語としては使われていない。しかし、「あなた」、「その方［かた］」、「この方［かた］」などの用法は、敬語のレベルやスタイルの違いはあるが、現代語の一般的な人称代名詞として使われている。この種の表現には、すでに根源的な方向を示す指示表現としての機能はなく、人物を指す人称代名詞の慣用的な表現として確立している。

　これにたいし、方向を示す指示的な用法とその状況に存在する人物を指す人称代名詞的な用法の双方の機能をもつコソア系の表現が、日本語の口語的な表現のなかにみられる。

　次の (1) と (2) の対話を比較してみよう。(1) の対話では、一般に慣用的に確立している人称代名詞の［わたし］、［あなた］、［僕］が使われている。[22]

(1) A：わたしはもうだめ。ねえ、あなたはうまくいってる？
　　B：ああ、僕は順調だよ。
(2) A：こっちはもうだめ！　ねえ、そっちはうまくいってる？
　　B：ああ、こっちは順調だよ。

　同じ状況を、コソア系の表現を使って (2) のように言うこともできる。(2) の場合には、一人称の代名詞の［わたし］、［僕］のかわりにコ系の［こっち］、二人称の代名詞の［あなた］のかわりにソ系の［そっち］が使われている。[23]

---

[22]　代名詞の［あなた］は、歴史的には方向の指示表現から転用された表現と考えられる (cf. 山田 1908：786–788)。しかし、ここでは普通の人称代名詞とみなす。現代語の直観としては、この表現には方向を示す指示機能はみとめられない。

[23]　コソア系の指示表現が、一人称と二人称の代名詞の機能と密接にかかわるという事実は、話し手と聞き手の参加する談話の世界の具体性とも関係している。この点で、一人称と二人称は、第三者的な対象世界にかかわる三人称の機能とは区別する必要がある。(この線にそった人称の区分の問題に関しては、Benveniste (1956)、Bühler (1934：2 章)、等を参照。)

　人称代名詞とコソア系の代用表現のやりとりは、次の (3)、(4) の対話例にもみられる。

(3) A：君／あなたはどうなの？
　　 B：僕／私は異論はないけど。
(4) A：そっちはどうなの？
　　 B：こっちは異論はないけど。

　スタイルからすれば、コソア系の表現の (2)、(4) の対話のほうが人称代名詞の使われている (1)、(3) の対話にくらべ口語的でインフォーマルな表現になっているが、ここではこのスタイルの違いは問題にしない。

　ここで問題にしたいのは、むしろこれらの用法における代用表現としての慣用化の違い、とくに (2)、(4) のタイプのコソア系の代用表現の位置づけである。コソア系のこの種の表現は、一見したところ人称代名詞の表現とおなじように慣用化した表現のようにみえる。しかし、このタイプの表現には、方向を示す指示的な機能とその状況に存在する人物を指す人称代名詞的な機能の双方がかかわっている。

　[こっち]、[そっち] のような表現それ自体は、人物だけを指す表現ではない。(5) の例から明らかなように、このタイプの表現は、一般に方向を示す指示的な表現とみなされる。さらにいえば、このタイプの表現の基本的な機能は、やはり方向を示す指示機能にあるといえる。

(5) a.　どちらかといえば、[こっち] に行きたいな。
　　 b.　ねえ、[そっち] ばかり向いてないでよ！　お願い！
　　 c.　[あっち] も [こっち] も混んでいる。参ったな！

　にもかかわらず、上の (2)、(4) の対話のようなコソア系の表現が人物を指示する表現として解釈できるのは、この種の表現が、空間や状況にか

かわるメトニミー的な表現として機能しているからである。すなわち、この種のコソア系の表現は、基本的には（i.e. 文字通りには）指示表現として、問題の人物が存在している空間ないしは状況を示す表現として機能し、メトニミー（より厳密にはトポニミー）の認知のプロセスを介して、その空間ないしは状況に存在する人物を間接的に指示する表現と考えられる。したがって、この点で、このタイプのコソア系の表現は、通常の人称代名詞の用法とは区別される。[24]

---

[24]　ただし、このタイプのコソア系の場合にも、間接的な指示表現から慣用化のプロセスを経て人称代名詞的な表現になっている例も考えられる。

　(i).「おい、まだ礼言うのは早いど。われの勘定は勘定や。その代わり<u>こっちゃ</u>の勘定もして貰わんならん。」

　(ii).「<u>こっちゃ</u>の話も隣に聞えたら、どもなりまへんな。」
　　　「あんたのは筒抜けやからな。」

　(iii).「その、われの親分が、<u>こち</u>の親分のところに挨拶にも来んと去ぬちゅうことあるか……。<u>こっちゃ</u>には面も出しよれへん。」
　　　「<u>あっちゃ</u>は同郷のよしみや。」

（今東光『悪名』：398、559、730）

これは河内弁による対話の一例であるが、下線部のコソア系の表現の一部は、本来の方向を示す指示表現から人称代名詞の用法へ転用されている表現と考えることもできる。

6　終　章

6.1　言語学と関連分野の照応研究

　言葉の理解は、人間の認知のプロセスを反映している。そのなかでも、照応の理解は、思考・推論・連想、等にかかわる人間の多様な認知のプロセスを反映する言語現象の一つとして注目される。照応現象は、とくに言語的な事実によって、人間の認知プロセスの諸相を解明していく際の重要な手がかりをあたえてくれる。

　照応現象は、言語学の分野を中心に研究が進められてきているが、心のメカニズムや情報処理のプロセスの研究を中心とする認知心理学、自然言語処理に代表される認知科学の関連分野においても、重要な研究のターゲットとして注目されている。

　この現象へのアプローチは、それぞれの分野によって異なる。認知心理学の分野では、とくに記憶、連想などのメカニズムを理解していくための検証の一つの手段として、照応現象を研究のターゲットにしている。[1] また、情報処理の分野では、時間軸にそった談話・テクストの理解のプロセスの一面を明らかにしていくための検証の場として照応現象に注目する。[2]

---

[1]　認知心理学の分野における照応の研究に関しては、Brown and Yule（1983：7章）、Garrod and Sanford（1982）、Haviland and Clark（1974）、Sanford and Garrod（1981）、米沢（1990）、等を参照。

[2]　言語理解の研究を中心とする情報処理の分野における照応の研究に関しては、Grishman（1986）、Norman and Rumelhart（1975：1章）、Webber（1978）、石崎・井佐原（1984）、桃内（1991）、田中（1979）、田中・元吉・山梨（1983）、等を参照。

　これらの分野では、照応現象の形式と意味にかかわる言語的な知識の側面に注目するというより、この種の知識の背後にある人間の認識のメカニズムの解明に力点がおかれている。これにたいし、言語学の分野では、とくに形式と意味の体系からなる記号系としての言葉の側面（ないしは文法的な知識の側面）にかかわる現象の一部として、照応現象が研究のターゲットとされている。

6.2　照応現象と言語研究

　本書では、日常言語を特徴づける照応現象を、とくに言語学の観点から考察した。言語学の分野におけるこれまでの照応の研究は、文−文法の枠組みにおけるシンタクスの側面に関する研究が中心になっている。シンタクスを中心とするこれまでの照応の研究では、先行詞と照応詞の関係が直接的に理解できる照応現象が中心になっており、推論や文脈がかかわる間接照応の研究は本格的にはなされていない。しかし、最近の言語学の研究では、言葉の形式的な側面だけでなく、言葉の運用や機能のメカニズムの研究も注目されてきている。文法的な知識だけでなく、推論や文脈、言語外の知識を介して言葉を柔軟に理解していく能力は、人間の言語運用能力のなかでも特筆すべきものである。この種の能力の解明は、言語学の重要な研究テーマの一つになっている。

　本書では、照応の研究を、せまい意味での文法の研究としてでなく、文脈や推論がかかわる認知プロセスの研究をもふくむ、広義の語用論の研究領域のなかに位置づける。最近の語用論の注目すべき研究としては、形式と意味の記号系からなるテクスト・談話を特徴づける言語の情報機能の解明を中心とする研究と、この記号系としてのテクスト・談話の理解を可能とする認知のインタフェースとしてのメンタルモデルの解明を中心とする

研究が考えられる。[3]

　言語の情報機能の解明に力点を置く言語運用の研究は、言語学を中心とする語用論の分野で研究が進められてきているが、この方面の研究とともに、言語理解の認知のインタフェースとしてのメンタルモデルの諸相の研究も、認知心理学をはじめとする言語学の関連分野で研究されている。これらの二つの方向の研究は、言葉の柔軟な理解を可能とする言語運用能力の解明を図っていくための相補的な研究として注目される。本書で考察した推論や文脈がかかわる間接照応の研究は、この広義の語用論の観点からみた日常言語の情報処理のプロセスと、これを可能とする認知のメカニズムを明らかにしていくための重要な手がかりをあたえる。

6.3　文法と推論の役割

　本書の考察からも明らかなように、照応現象の予測と説明には、問題の先行詞と照応詞がかかわる統語関係や文字通りの意味だけでなく、語用論的な知識や文脈に基づく推論が重要な役割をになう。

　言語学の研究では、推論にかかわる現象を文法との関連でどのように位置づけるかに関する明確な規定はなされてはいない。この推論と文法の関係は、次の問題とも密接にかかわっている。

- ・言語表現にかかわるどのような要因を言語の深層レベルないしは意味表示のレベルとしてコード化し、どの部分を推論のシステムによって規定していくか。
- ・どの種類の要因がせまい意味での言語的な要因でどの要因が言語外的な要因か。
- ・意味的な要因は語用論的な要因や文脈から補完される要因とどのよ

---

[3]　メンタルモデルの問題に関しては、Johnson-Laird（1983）を参照。

うに区別されるか。

　これまでの研究では、この種の問題（とくに推論と文法の関係にかかわる問題）は厳密には考察されていない。その一因は、文法的な知識の規定の方法にあるといえる。従来の研究では、文法を中心とする記号系をスタティックな知識としてとらえ、この知識を特徴づける記号系の形式と意味に関する規則と制約を明らかにしていくアプローチがとられている。

　この点は、照応現象の研究にもあてはまる。これまでの照応の研究は、先行関係、構造関係などにかかわる規則と制約の規定を中心とする直接照応を研究の対象としている。そして、問題の照応にかかわる先行詞と照応詞に関しては、基本的に次のような前提のもとに研究が進められてきている：(i) 先行詞、照応詞のいずれも表層ないしは深層の言語レベルにおいて認定される。(ii) 先行詞、照応詞のいずれも単一文のレベルにおいて規定される。(iii)（多義的な文脈でないかぎり）問題の照応詞に呼応する先行詞は唯一的に復元することができる。

　(i)–(iii) の点は、これまでに文–文法の枠組みのなかで扱われてきた一部の照応現象に関しては問題はない。しかし、本書で考察した照応現象のなかには、この種の規定からは予測できない事例が広範に存在する。たとえば、2 章の複合的推論と間接照応、3 章のモダリティと推論照応、4 章のオンライン・プロセスと統合的照応、補完リンクと間接照応、ゼロ先行詞と間接照応などにかかわる現象は、(i)–(iii) の前提に基づく照応の規定からは予測できない問題をふくんでいる。

　これらの照応では、照応詞に呼応する先行詞は、問題の文の言語的な先行文脈には存在せず（i.e. 問題の先行文脈の表層レベル、深層レベルのいずれのレベルにも存在せず）、言語外的な知識や語用論的な推論のプロセスを介してはじめてその先行詞が理解される。この種の事実は、照応関係はつねに言語的なレベルにおいて規定されるのではなく、照応がかかわる言語表現と他の認知プロセスとの相互作用によって規定されることを示し

ている。したがって、照応の問題に関する (i)–(iii) の規定は強すぎると言わねばならない。

6.4 照応と解釈の不確定性

　照応の規定に関しては、さらに先行詞の解釈の「不確定性」が問題になる。一般に、照応詞と呼応する先行詞の意味（i.e. 問題の照応詞が意味的に何を指しているか）は、直接照応であれ間接照応であれ、何らかのかたちで唯一的に復元できることが前提になっている。しかし照応によっては、問題になっている文脈や背景的な状況が明確になっていても、先行詞の解釈が一律に決められない事例が存在する。

　ここで問題にしている先行詞の「不確定性」の問題は、先行詞の「曖昧性」の問題とは区別される。後者は先行詞が多義的な場合、すなわち先行詞の意味が二つ以上に解釈できる場合である。この場合には、先行詞の解釈の候補となる複数の意味は、最初からはっきりしている。そして、問題となっている照応表現の前後関係や背景的な文脈が明確になれば、問題の先行詞の曖昧性は解除される。ここでは、曖昧性から生じるこのような先行詞の多義性は問題にしていない。

　ここで問題にしているのは、先行詞の解釈の候補は一つにかぎられているにもかかわらず、その先行詞の意味が明確には確定できない事例である。本書では、このタイプの事例も考察した（cf. 3 章）。この種の事例では、問題の照応詞と呼応する先行詞の意味を、ある特定化されたレベルで解釈していいのか、あるいはその特定化されたレベルよりも上位の一般概念のレベルで解釈したらいいのかがはっきりしない状況が生じる。また、場合によっては、問題の先行詞の解釈が、特定レベルと一般レベルのどちらかに単純に区別できるのではなく、ファジー（fuzzy）にしか解釈できない事例も存在する。（この種の事例が存在することを考慮にいれるならば、前節の照応に関する(iii) の条件は強すぎることになる。）

　一般に、シンタクスを中心とする文法の研究では、照応表現の先行詞
は、つねに明確に復元できるという前提のもとに研究が進められる。しか
し、実際の照応現象のなかには、先行詞の意味は直観的にはなんとなく理
解できたつもりでも、明確な形では決定できない例も存在する。[4] 文脈や
推論がかかわる間接照応の場合には、むしろこのような漠然とした解釈の
ほうが自然である場合が多い。

6.5　照応の理解と汎モジュール性

　一般に、日常言語にかかわる情報処理の研究は、いわゆるモジュラー・
アプローチに基づく研究が中心になっている。音韻・形態解析、構文解析
を中心とする情報処理の研究の多くは、基本的にはこの領域固有的なモ
ジュラー・アプローチによって特徴づけられている。しかし、情報処理に
かかわるすべての側面が、この種の領域固有性に基づくモジュール性に
よって特徴づけられているとは考えられない。[5]　思考、判断などの高次の
認知プロセスのなかには、各種の知識の領域を統合的に利用してはたらく
グローバル（ないしは汎モジュール的）な情報処理のプロセスが認められ
る。
　本書で考察の対象とした推論に基づく間接照応の理解には、この種の認
知プロセスがかかわっている。この種の照応の理解には、不完全な知識に
基づく推論や発見的推論がかかわっている。またこのプロセスは、その背
後の潜在的な意味要因を言語外の知識や文脈情報に基づく推論によって補
完していく柔軟な認知プロセスの一種と考えられる。この点で、間接照応
のプロセスは、モジュール的な領域固有の限界をこえる高度な情報処理の

---

4)　照応の理解は、われわれが考えているほど明確ではなく、その場の状況や文脈か
ら漠然と納得しているケースもかなり存在する。日常言語の直観からして、自然な照
応の理解は、むしろこの種の直観を反映した認知レベルにおいて可能になる。

5)　Cf. Fodor（1983）。

プロセスの一種と考えられる。

　文−文法の枠組みのなかで扱われてきている直接照応の場合には、このようなグローバルな情報処理のプロセスを経なくても、問題の照応詞とこれに呼応する先行詞の関係は形式的に規定できるように考えられる。しかし、これはあくまで照応の理解のプロセスを捨象し、文レベルの統語フレームのなかでの照応関係の形式的な規定だけを試みた場合に言えることである。この種の一見したところ単純にみえる照応の場合にも、照応詞と先行詞の関係には複雑な認知プロセスがかかわっている。

　これまでの認知科学の関連分野の研究では、中央処理系の情報プロセスの研究、とくに人間の知のメカニズムの中心的な役割をになう発見的な推論や判断にかかわる認知プロセスの研究は本格的にはなされてはいない。照応の理解にかかわる認知プロセス、とくに推論がかかわる間接照応の理解を特徴づける認知プロセスは、この高度な情報処理のプロセスを明らかにするための重要な検証の場を提供する。

照応研究の新展開
—認知的パースペクティヴ—

1. はじめに

本書の初版の刊行から現在までの照応現象に関する研究、特に認知言語学の枠組みに基づく照応現象の研究には、理論面と実証面の双方において、いくつかの注目すべき研究の進展がみられる。以下では、この方面の研究におけるこれまでの照応分析の重要な研究を考察するが、その前に認知言語学の基本的な言語観を確認しておきたい。

認知言語学は、人間の一般的な認知能力にかかわる要因を言語現象の記述・説明の基盤とするアプローチをとる。このアプローチをとることにより、言葉の背後に存在する言語主体の認知能力との関連で言語現象を包括的に捉えていく新たな方向が見えてくる。認知言語学のパラダイムでは、いわゆる言語能力は、一般的な認知能力によって動機づけられており、言語現象はこの能力の反映として位置づける。換言するならば、いわゆる言語能力はこの種の一般的な認知能力と不可分の関係にあり、後者にかかわる要因を無視して言語能力を規定することは不可能であるという立場に立っている。

2. 一般的認知能力と言葉の創発性

日常言語の表現は、ミクロレベルからマクロレベルに至るどのような表現であれ、主体が外部世界を解釈していく認知プロセスの反映として規定される。外部世界の対象や事態は、認知主体としてのわれわれから独立して解釈されるのではなく、主体の投げかける視点との関連でさまざまな意味づけがなされる。また、外部世界の理解には、具体的な解釈のレベルからより抽象的な解釈のレベル(あるいは、特定的な解釈のレベルからより一般的な解釈のレベル)に至るさまざまな認知プロセスがかかわっている。言葉のメカニズムを明らかにしていくためには、ミクロレベルからマクロレベルのどのレベルであれ、言語現象の背後に存在する認知主体のダイナ

ミックな認知プロセスを明らかにしていく必要がある。この種の認知プロセスの一面は、表1に示される。

表1

〈基本的認知能力〉

焦点化、図・地の分化、図・地の反転、スキャニング、イメージ形成、スキーマ変換、メタファー変換、メトニミー変換、スーパー・インポジション、焦点シフト、参照点起動の推論能力、等

　この種の認知のプロセスは、外部世界の解釈のモードを反映している。形態、構造、意味をはじめとする言葉のさまざまな側面は、この種の認知のプロセスの発現の結果として理解することができる。換言するならば、言葉には、外部世界に対するわれわれの認知的な解釈のモードが反映されている。同じ事態を伝える場合にも、その事態に対する認知主体の視点、パースペクティヴの違いによって、異なる言語形式が選択される。ここで問題とする視点、パースペクティヴにかかわる要因は、認知主体と外部世界との関係によって相対的に規定される。したがって、次のような問題が、視点、パースペクティヴ、等の認知プロセスの考察に際し重要な意味をになう。認知主体としてのわれわれは、外部世界にどのような形で存在し、外部世界とどのようにインターアクトしているのか。外部世界の構造とわれわれの身体図式の関係は、どのようになっているのか。認知主体としてのわれわれは、外部世界のどの側面に焦点を当て、どの側面を背景化しているのか。外部世界の解釈と意味づけを可能とする視点、パースペクティヴ、等にかかわる要因は、この種の問題との関連で相対的に規定される。

　認知言語学は、以上のような人間の一般的な認知能力にかかわるさまざまな要因を、言語現象の記述・説明の経験的な基盤とするアプローチをと

る。これまでの認知言語学の研究では、認知能力や運用能力にかかわる要因を言語現象の分析の背景とする注目すべき研究が広範になされてきている。これらの研究は、文法、シンタクスを中心とする従来の研究で扱われてきた言語現象を根本的に問い直すだけでなく、これまで等閑視されてきた意味論、語用論にかかわる言語現象にも目を向け、研究のスコープを広げつつある。

3. 参照点起動の推論能力

前節で考察した基本的な認知能力のうち、参照点起動の推論能力（cf. 表1）は、日常言語の記述・説明に関して特に重要な役割をになう能力として注目される。参照点能力は、長い進化の過程で生物としてのわれわれが獲得した基本的な認知能力の一種である。一般に、われわれがある対象を探索していく場合、そのターゲットが直接に発見できるとはかぎらない。状況によっては、何らかの間接的な手がかりを参照し、この間接的な手がかりに基づくサーチングの認知プロセスを介して、ターゲットとしての対象に到達していく場合も考えられる。

日常生活においては、このような状況の方がむしろ普通である。人間の注目すべき認知能力の一つは、ある対象を探索のための手がかりとして参照しながら、最終的なターゲットに到達していくことができる能力である。この種の能力は、人間の認知能力のなかでもとくに重要な能力として注目される。Langacker (1993) は、一般的な認知能力の一部として機能するこの種の能力を、参照点能力（reference-point ability）と呼んでいる（ibid：6）。参照点能力それ自体は、狭い意味での言語能力とは区別される。しかしこの能力は、多様な言語現象の発現を可能とする一般的な認知能力の一種であり、言語現象を一般的に記述し説明していく際に重要な役割をになっている。以下では、この種の認知能力がかかわる言語現象として、主に照応、話題化、等にかかわる現象を考察していく。

4. 参照点能力と照応現象

一般に、われわれが何かをターゲットとして探索する場合、常に探して
いるターゲットとしての対象が直接的に把握できる保証はない。実際に
は、そのターゲットに到達するため参照点（すなわち、対象に到達するた
めの手がかり）を認知し、この参照点を経由して、問題のターゲットとし
ての対象を認知していく。Langacker は、この種の認知プロセスを、図 1
のように規定している（Langacker 1993：6）。

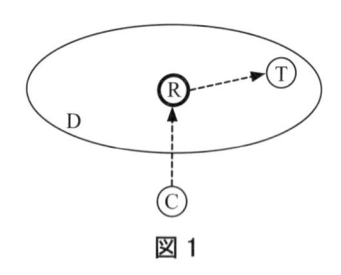

図 1

この場合、C は認知主体（conceptualizer）、R は参照点（reference point）、
T はターゲット（target）、楕円形のサークル（D）は、参照点によって限定
されるターゲットの支配領域（dominion）、破線の矢印（-------→）は、認知
主体が参照点を経由してターゲットに到達していくメンタル・コンタクト
（mental contact）を示す。

参照点とターゲットの認知プロセス自体は言葉の問題ではなく、われわ
れの認知能力にかかわる問題であるが、この種の認知プロセスは、言語現
象にもさまざまな形で反映されている。とくにこの種の認知プロセスは、
照応現象の記述・説明において重要な役割をになう。

一般に、照応関係の理解の基本は、先行詞と代名詞の同一性の認定にあ
る。照応関係の基本的な理解のプロセスには、参照点能力にかかわる認知
プロセス（i.e. 参照点とターゲットの認知プロセス）が関係している。照

応における先行詞の基本的な機能は、代名詞と照応的に呼応する指示対象
（ないしは概念対象）を文レベル（ないしは談話レベル）の文脈のなかに起
動する点にある。ある特定の文脈における代名詞の使用が適切か否かは、
照応的に呼応する対象が、先行詞によって位置づけられる指示対象（ない
しは概念対象）の候補の支配領域（D=dominion）のなかに同定できるか否
かによる。

　この先行詞と代名詞の照応関係を、参照点とターゲットの関係からみた
場合にはどうなるか。この場合、先行詞は、代名詞の指示対象（ないしは
概念対象）の候補を起動する参照点とみなすことができる。そして、代名
詞は、この参照点と指示関係によって照応的に呼応するターゲットとみな
される。したがって、照応現象の背後には、基本的に次のような参照点能
力にかかわる構造が存在することになる（山梨 2000：91）。

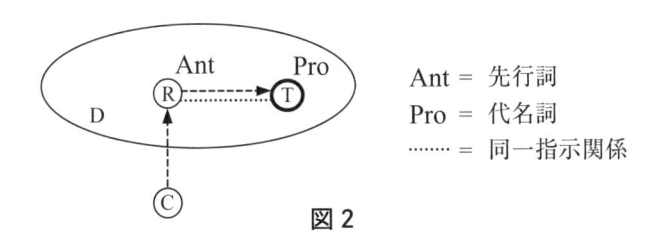

Ant ＝ 先行詞
Pro ＝ 代名詞
……… ＝ 同一指示関係

図2

　図2の参照点は先行詞（Ant=Antecedent）、ターゲットは代名詞（Pro=
Pronoun）に対応し、両者を結ぶ点線は、先行詞と代名詞が同一指示の関係
にあることを示している。また、図2のドミニオン（D）の領域は、参照点
としての先行詞によって起動されるターゲットの候補の探索領域を示して
いる。（この探索領域は、問題の参照点によって起動されるターゲットの
候補の集合とみなすことができる。）この種の参照点と参照点によって起動
されるターゲットの候補の集合は、図3に示される。

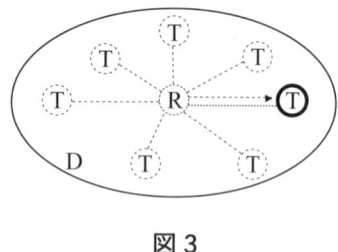

図3

　図3の破線のサークルで囲まれているターゲットは、先行詞と同一指示の関係にはないが、参照点としての先行詞によって起動されるターゲットの候補に相当する。

　具体例として、次の対を考えてみよう。（以下の例[1]では、サブスクリプト（i.e. i）でマークされる先行詞と代名詞は、基本的に照応関係にあることを示す。）

（1）a.　部長$_i$は彼$_i$の部下にゴルフセットをあげた。
　　　b. ＊彼$_i$は部長$_i$の部下にゴルフセットをあげた。

　（1a）では、先行詞が1次的な焦点をになう主語の位置にある。したがって、この先行詞が参照点としてターゲットの候補の集合（i.e. ドミニオン）を起動し、このドミニオンの探索領域のなかに先行詞と同一指示的な代名詞のターゲットが同定される。これにたいし、（1b）では、代名詞が逆に主語の位置を占め、先行詞は、参照点としての機能をになう主語の位置にはきていないため、代名詞のターゲットの探索領域を起動することはできな

1）　（1）の例では、代名詞の「彼」が使われている。これにたいし、「部長$_i$は自分$_i$の学生にゴルフセットをあげた」のように、「彼」の代わりに「自分」を使うことも可能である。これらのいずれの表現が適切であるかは、その話し手（ないしは書き手）の視点に左右される。この場合、「自分」が使われる場合には、話し手（ないしは書き手）が先行詞の主語（「部長」）の視点から見ている用法である。これにたいし「彼」が使われる場合には、この種の視点の投影はみられない。

い。以上の参照点とターゲットの認知プロセスにかかわる制約から、（1a）
と（1b）の文の照応関係の適否が予測される[2]。

　参照点の機能をになう先行詞は、主語の位置に限られるわけではない。
次の例では、主語ではなく、直接目的語ないしは間接目的語の位置が、照
応関係における参照点の位置として機能している。

（2）a.　山田はフィアンセ$_i$を彼女$_i$のマンションまで送って行った。

　　　b. ＊山田は彼女$_i$をフィアンセ$_i$のマンションまで送って行った。

（3）a.　山田は高価な帽子をフィアンセ$_i$に彼女$_i$の誕生日にあげた。

---

2)　認知言語学のアプローチでは、主語は、述語によりプロファイルされる関係
によって位置づけられる存在のうち、1 次的な焦点として認知される対象に相当す
る。この 1 次的な焦点としての際立ちをになう対象は、基本的にトラジェクター
（tr=trajector）として規定される。（すなわち、主語はトラジェクターに相当する。）こ
れにたいし、目的語は、述語によってプロファイルされる関係によって位置づけられ
る存在のうち、際立ちがより低い対象（すなわち、ランドマーク（lm=landmark））と
して規定される（cf. Langacker 1990: 224–225）。
　以下の図（i）に示されるように、（基本的な語順を反映する無標のケースでは）トラ
ジェクター（tr）としての主語（S）は 1 次的な焦点が認められる要素、ランドマーク
（lm）としての直接目的語（DO=Direct Object）と間接目的語（IO=Indirect Object）は、
それぞれ 2 次的な焦点と 3 次的な焦点が認められる要素として規定される。（図の＞
は、主語、直接目的語、間接目的語の際立ちの相対的な違いを示すものとする。）

〈1 次的焦点〉		〈2 次的焦点〉		〈3 次的焦点〉	…
NP_S	＞	NP_{DO}	＞	NP_{IO}	…
(tr)		(lm$_1$)		(lm$_2$)	

図（i）

文の構成要素の相対的な際立ちの観点からみた場合、主語、直接目的語、間接目的語
は、図（i）に示される焦点連鎖（focus chain）を形成している。図（i）には、斜格にか
かわる文の構成要素は明示されていないが、この種の要素は、3 次的な要素である間
接目的語よりもさらに際立ちの低い要素として、この種の焦点連鎖の延長線上に位
置づけられる。（焦点連鎖にかかわる言語現象に関しては、さらに Langacker（1995,
1997）、山梨（2000：95–99）、Yamanashi（2003, 2007, 2010, 2015）を参照。）

　b. ＊山田は高価な帽子を彼女$_i$にフィアンセ$_i$の誕生日にあげた。

　(2a) では、直接目的語の先行詞が参照点としてターゲットの探索領域を起動し、この領域のなかに後続する（先行詞と同一指示的な）代名詞のターゲットが同定される。これにたいし、(2b) では、代名詞が逆に直接目的語の位置にあり、先行詞は、参照点としての機能をになう目的語の位置にはきていないため、代名詞のターゲットの探索領域を起動することはできない。(2a) と (2b) の適否は、以上の参照点とターゲットの認知プロセスにかかわる制約に起因する。基本的に同様の点は、(3a) と (3b) の間接目的語と斜格の名詞の照応関係の適否に関してもあてはまる。

　認知言語学の規定では、基本的に、主語、直接目的語、間接目的語は、問題の文の主要部 (head) である動詞にたいし、その補部 (complement) を構成する要素として規定される。これらの要素の間には、参照点の機能をになう焦点連鎖の観点からみて、次のような階層関係の制約が存在する。（この種の焦点連鎖の階層関係の制約に関しては、さらに van Hoek (1992, 1995)、Langacker (1995, 1997)、Yamanashi (2010, 2015)、山梨 (2000：90-95) を参照。）

〈焦点連鎖の階層関係の制約〉

　A.　問題の文において、主語は、直接目的語、間接目的語、等の他の補部要素をその探索領域において支配する 1 次的参照点として機能する。

　B.　直接目的語は、間接目的語、等の他の補部要素をその探索領域において支配する 2 次的参照点として機能する。

　C.　間接目的語は、斜格表現、等の他の補部要素をその探索領域において支配する 3 次的参照点として機能する。

　この焦点連鎖の階層関係の制約は、上にみた (1)-(3) のタイプの照応現

象の予測を可能とする。基本的に、文の補部要素のなかでは、主語は、認知的な際立ちの観点からみて 1 次的な焦点があたえられる要素として機能する。したがって、まず主語が、文レベルの 1 次的参照点の機能をもつ先行詞の役割をにない、その探索領域のなかに目的語をはじめとする他の補部要素をその代名詞の候補として支配するのは自然である。また、この支配領域のなかでは、焦点連鎖の推移を介し、直接目的語が 2 次的参照点、間接目的語が 3 次的参照点の機能をもつ要素として、後続の補部要素をその探索領域において支配する。

　照応現象のなかには、一見したところ、この種の焦点連鎖の規定からは予測できない事例が存在する。次のタイプの例をみてみよう。（(4b) と (4c) の（φ）は、ゼロ照応の代名詞を示す。）

(4) a. 自分 $_i$ の失敗が彼 $_i$ を自殺に追い込んだ。
　　b. 今年のお正月に（φ）$_i$ 年賀状をくれた知人が太郎 $_i$ を訪ねてきた。
　　　　（(φ)= 太郎 $_i$（に））
　　c. （φ）$_i$ 友人を助けられなかったことが春子 $_i$ を悩ませた。
　　　　（(φ)= 春子 $_i$（が））

　このタイプの例では、代名詞は、主文の主要部である動詞に直接支配される補部（すなわち、主語、直接目的語、間接目的語、等）の位置に認められるのではなく、主語の修飾表現のなかに認められる。したがって、(4) のタイプの例は、〈焦点連鎖の階層関係の制約〉からは予測できない。

　しかし、(4) の主語の修飾表現は、広い意味での修飾部（modifier）を形成する部分であり、主文の主要部である動詞に直接支配される補部（すなわち、主語、直接目的語、間接目的語、等）とは情報機能が異なる。主文の主要部である動詞に直接支配される補部（すなわち、主語、直接目的語、間接目的語、等）の要素は、認知的な際立ち（prominence）の高い要素であ

り、問題の文の焦点連鎖を形成する要素である。これにたいし、修飾部の位置にくる要素は、その文全体の構成構造のレベルにおいて際立ちの低い要素（すなわち、情報機能からみて背景化された要素）としての機能をになう。

　主文の主要部である動詞に直接支配される補部（すなわち、主語、直接目的語、間接目的語、等）の要素と修飾部の位置にくる要素の基本的な関係は、図4に示される。

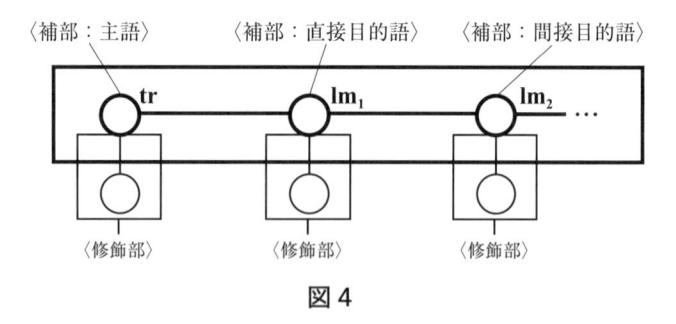

〈補部：主語〉　　〈補部：直接目的語〉　　〈補部：間接目的語〉

tr　　lm$_1$　　lm$_2$ …

〈修飾部〉　　〈修飾部〉　　〈修飾部〉

図4

　図4の太線のボックスの3つのサークルは、主文の動詞に直接支配される補部（主語、直接目的語、間接目的語、等）に対応し、この補部の要素が認知的な際立ちの高い焦点連鎖のドメインを形成している。これにたいし、各補部の要素に関係づけられている細線のボックスの部分は、連体修飾表現、等の修飾部に対応している。（この場合の修飾部の細線のボックスは、修飾部の要素は、情報機能からみて背景化された要素であることを示している。）

　以上の文の補部と修飾部の情報機能の違いを考慮するならば、上の（4）のタイプの例の代名詞が修飾部の位置にくるという事実は、補部と修飾部の要素の認知的な際立ちの違いから自然に予測できる。基本的に、修飾部は、図4に示されるように、情報機能からみて背景化された部分である。したがって、この部分にくる要素には、認知的な際立ちを前提とする先行

詞の参照点としての機能は認められない。(4) のタイプの例では、先行詞
は、主文の主要部である動詞に直接支配される補部 (主語、直接目的語、
等) の位置にきている。上の〈焦点連鎖の階層関係の制約〉から明らかなよ
うに、主文の主要部である動詞に直接支配される補部の要素は、際立ちの
高い焦点連鎖を形成する要素である。したがって、この種の要素が、参照
点の機能をになう先行詞になるのは、認知的な際立ちの観点からみて自然
である。(4) の例の代名詞は、いずれもこの参照点の機能をになう先行詞
の支配領域のなかに認められる。(4) のタイプの事例の適切性は、以上の
点から予測される [3]。

---

3)　照応現象のなかには、話し手と聞き手のグラウンド (G) からの探索領域の起動を
考えなければ予測できない事例が存在する (cf. Ross 1970：228，山梨 1986：55)。

　(i) a. It is a story about {myself, *himself, *herself}.
　　b. Physicists like {myself, *himself, *herself} never got invited to horse shows.
　　c. This paper was written by Ann and {myself, *himself, *herself}.
　(ii)a. 鍵を忘れたので、自分の家にもどって探してみます。
　　b. もう少ししましたら、自分の居場所を皆さんにお知らせします。
　　c. 今回の件は、自分自身、非常に反省しております。

(i) では、一人称の再帰代名詞の myself は可能であるが、他の人称の再帰代名詞は
不可能である。この事実は、文の表層レベルをみていても説明することはできない。
(i) の例の表層レベルには、代名詞と照応的に呼応する先行詞は存在していない。し
たがって、(i) の表層レベルにおいて myself だけが可能で、他の人称の再帰代名詞が
不可能であるという事実を予測することは不可能である。
　しかし、文の発話者としての話し手の起点であるグラウンドが、文の背後に探索領
域を起動する参照点として存在すると仮定するならば、(i) のタイプの照応現象を予
測することが可能となる。すなわち、(i) のタイプの例は、グラウンドの (一人称であ
る) 話し手が先行詞の機能をになう参照点として存在するため、その探索領域のなか
の一人称の再帰代名詞だけが適切なターゲットとして照応的に呼応することが自然に
予測されることになる。
　グラウンドの仮定は、さらに (ii) のタイプの表層レベルに先行詞が存在していない
日本語の一人称の代名詞 (e.g.「自分」、「自分自身」) の分布関係の予測を可能とする。
この場合の先行詞は、問題の文の主語とも解釈できるし、この文自体の発話者自身と
も解釈できるが、表層の文レベルで理解される主語自体も、基本的には発話者として

5. 間接照応と参照点モデル

　一般に、照応にかかわる先行詞は、先行文脈になんらかの形で静的に存在していることが前提とされている。しかし、場合によっては、先行文脈の展開に応じて先行詞の意味内容がダイナミックに変化し、この変化を考慮しないかぎり問題の照応関係が適切に理解できない事例も存在する。ある場合には、先行詞に相当する部分が省略されており、この省略部分を復元することによって間接的に照応関係が理解される。また、場合によっては、先行詞が言語的な文脈には存在せず、その文ないしはテクスト・談話にかかわる一般的な知識との関連で、先行詞に相当する要素が理解される場合も考えられる。この種の照応は、問題の照応表現と先行詞の関係が前後の言語文脈だけから直接的には理解されないという点で、間接照応の一種とみなされる。このタイプの照応の理解には、推論や連想にかかわるさまざまな認知プロセスが反映されている。以下では、認知言語学の言語分析において重要な役割をになう参照点モデルとの関連で、この種の間接照応の諸相を考察していく。

5.1　メトニミーと間接照応

　日常言語のなかには、伝えようとする意味のすべてを言葉にしているのではなく、その一部にフォーカスを当て、意図する意味を文脈によって補完していく簡略的な表現が広範にみられる。この種の表現のかなりの部分は慣用化している。このタイプの表現のうち、近接関係の認知に基づく慣用表現は、一般にメトニミー（ないしは換喩）と呼ばれている。本書の第5章（5.2節）で明らかにしたように、日常言語には、メトニミーに基づく注目すべき照応現象が存在する。以下では、この種の照応を、〈メトニミー

の話し手の起動する探索領域のなかのターゲットの一要素として位置づけられる。したがって、この種の事実の一般的な説明は、いずれにせよ参照点としての話し手を位置づけるグラウンドの仮定によって可能となる。

照応〉（Metonymic Anaphora）と呼ぶことにする。

　Yamanashi（2015）では、さらにメトニミー照応の下位類として、〈トポニミー照応〉（Toponymic Anaphora）と〈パートニミー照応〉（Partonymic Anaphora）を以下のように区別している（表2）。

表2

<METONYMIC ANAPHORA>
A. TOPONYMIC ANAPHORA: 　[Anaphora based on Spatio-Locational 　Contiguity] B. PARTONYMIC ANAPHORA: 　[Anaphora based on Part-Whole 　Contiguity]

（Yamanashi 2015: 26）

　本書で〈トポニミー照応〉という場合には、場所や空間の隣接関係（ないしは近接関係）に基づく現象を、また〈パートニミー照応〉という場合には、部分−全体の隣接関係（ないしは近接関係）に基づく照応現象を問題にする。（メトニミーの下位類（(i)〈トポニミー〉と (ii)〈パートニミー〉）の区分に関しては、さらに Yamanashi（1994）を参照。）

5.1.1 トポニミーと間接照応

　本節では、以上の二種類のメトニミーがかかわる照応のうち、トポニミー照応のメカニズムの一面を考察していく。トポニミー照応の具体例の考察にはいる前に、まず次のタイプのメトニミーの例を考えてみよう（山梨 1988a: 95–96）。

（1）a.　鍋が煮える。

　　　b.　私はドンブリが好きだ。

  c. 一升瓶を飲みほす。

(2) a. 湖が干上がる。

  b. 海が枯れてしまう。

  c. 川が氾濫する。

 本書では、この種のメトニミー表現を、トポニミーの言語表現の一種として位置づけるが、この種の言語表現は照応に密接にかかわっている。

 (1)、(2) のタイプのトポニミー表現では、場所 / 空間とそこに位置づけられる対象との関係 (e.g.〈鍋〉–〈食べ物〉、〈ドンブリ〉–〈食べ物〉、〈湖〉–〈水〉、等) が問題になる。この場合、照応の問題として興味深いのは、この種のトポニミー表現から推定される対象（厳密には、場所 / 空間に位置づけられる対象）が、後続の照応表現の先行詞として機能する場合である。例えば、次のトポニミー表現 (e.g.「鍋」、「ドンブリ」、「一升瓶」) は、〈容器〉–〈中身〉の空間の近接関係を通して、代名詞の「それ」と照応関係にあることが理解できる[4]。

 (3) i. a. 鍋$_i$を食いかけたが、うまくないので [それ$_i$]を猫にあげてしまった。

  b. 〈[それ]=鍋の中身 / 食物〉

 ii. a. ドンブリ$_i$がでてきたので、すぐに [それ$_i$]を食べた。

  b. 〈[それ]=ドンブリの中身 / 食べ物〉

 iii. a. 一升瓶$_i$を飲みかけて、途中で[それ$_i$]をこぼしてしまった。

  b. 〈[それ]=一升瓶の中の酒〉

 この場合には、ゼロ照応 (i.e.(ϕ)) も可能である。((3) の有形照応と (4)

---

4) 以下の例では、サブスクリプト (i.e. i) でマークされる先行詞と代名詞は、基本的に照応関係にあることを示す。ただし、以下で問題にする照応現象は、間接照応の一種である (cf. 本書：2 章〜 4 章)。したがって、以下で考察の対象とする事例の先行詞と代名詞は、必ずしも同一指示的な関係にあるわけではない。

のゼロ照応をくらべた場合、厳密には (4) のゼロ照応の方がより自然である。）

(4) i. a.　鍋ᵢを食いかけたが、うまくないので[(φ)ᵢ]猫にあげてしまった。
　　 b.　〈[φ]＝鍋の中身 / 食物〉
　 ii. a.　ドンブリᵢがでてきたので、すぐに[(φ)ᵢ]食べた。
　　 b.　〈[φ]＝ドンブリの中身 / 食べ物〉
　iii. a.　一升瓶ᵢを飲みかけて、途中で[(φ)ᵢ]こぼしてしまった。
　　 b.　〈[φ]＝一升瓶の中の酒〉

　この種の照応の判断はかなり微妙であり、適切性の判断は問題のトポニミー表現の慣用性に左右される。トポニミー表現としての、「鍋」、「ドンブリ」、「一升瓶」の類は、これらの表現自体が食べ物（ないしは飲み物）を表現する名詞としてかなり慣用化している。したがって、以上の照応関係の理解はそれほど不自然ではない。

　ここにみたトポニミー表現の意味解釈は、参照点構造の観点から規定することが可能である。(3)、(4) のトポニミーの例では、「鍋」（ないしは「ドンブリ」、「一升瓶」）が参照点となり、これを起点としてターゲットとしての〈(鍋の中の) 食べ物〉（ないしは〈酒〉）の意味へのアクセスが可能となる。参照点構造の認知プロセスの規定にしたがうならば、この種のトポニミー表現の意味のアクセスのプロセスは、次のように規定することが可能となる。（ここではスペースの関係上、「鍋」と「一升瓶」のトポニミー表現の参照点構造を示す。）

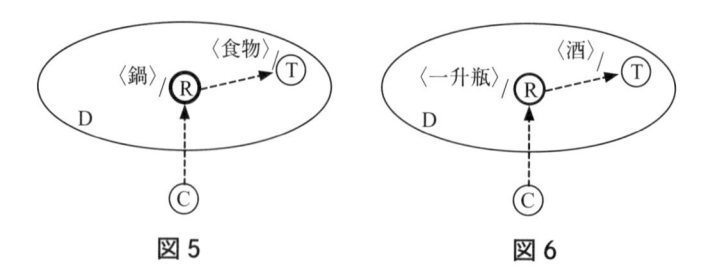

図5　　　　　　　　　　　図6

　(3)、(4) のトポニミーの表現で注意すべき点は、この種の表現の「鍋」（ないしは「ドンブリ」、「一升瓶」）それ自体は、これに後続する代名詞（「それ」）ないしはゼロ代名詞（「(φ)」）と直接的には照応関係にはないという点である。別の観点からみるならば、この種のトポニミー表現の表層レベルには、後続の代名詞と照応的に呼応する先行詞は存在していない。しかし、図5、図6の規定から明らかなように、(3)、(4) のタイプのトポニミーの例では、「鍋」（ないしは「ドンブリ」、「一升瓶」）が参照点となり、これを起点として、ターゲットとしての〈食べ物〉（ないしは〈酒〉）の意味へのアクセスが可能となり、このターゲットの意味が、後続の代名詞の先行詞としての役割をになうことになる。

　参照点とターゲットの認知プロセスに基づく (3)、(4) のタイプのトポニミー表現の先行詞（＝Ant）と代名詞（＝Pro）の照応関係の基本構造は、図7に示される。

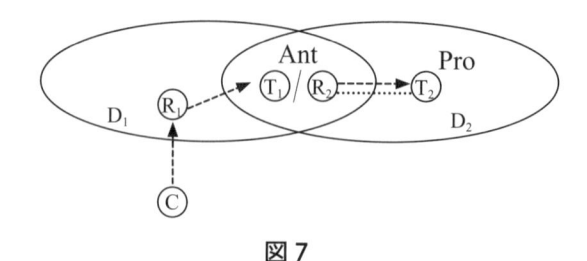

図7

　図7のR₁は、参照点としての「鍋」(ないしは「ドンブリ」、「一升瓶」)、T₁はこの参照点を介して認定されるターゲット(〈食べ物〉、〈酒〉)、T₂はこのターゲットを次の参照点(R₂)として認定される代名詞(「それ」、「(φ)」)に対応する。R₂とT₂を結ぶ点線の矢印は、先行詞のR₂(=T₁)と代名詞のT₂の同一指示性(すなわち、両者が照応的に呼応していること)を示すものとする。

N.B. メトニミーが関係する照応現象としては、さらに文の展開のオンライン的な認知プロセスがかかわる次の例が注目される。

(i) a.　おいしそうなドンブリ$_i$を受け取った瞬間に(ϕ_i)割ってしまった。
　　b.　〈(φ) = ドンブリの容器(を)〉
(ii) a.　一升瓶$_i$を飲みかけていて、(ϕ_i)ヒビが入っているのに気がついた。
　　b.　〈(φ) = 一升瓶の容器(に)〉

　(i)の例の「ドンブリ」は、文頭の修飾語(「おいしそうな」)をオンライン的に理解している文脈では[ドンブリの中身／食べ物]を意味しているが、ゼロ照応詞(φ)をふくむ後続文脈(「(ϕ_i)割ってしまった」)では、[ドンブリの容器]の意味に変化している。同様に、(ii)の例の「一升瓶」は、文頭のオンライン的文脈では(慣習的に)[一升瓶の中の酒]を意味しているが、ゼロ照応詞(φ)をふくむ後続文脈(「(ϕ_i)ヒビが入っている…」)では、[一升瓶の容器]の意味に変化している。

　この種の事例は、先行詞と照応詞の呼応関係が、常に先行詞の参照点(R)ないしはターゲット(T)のどちらかの意味に固定されているのではなく、時間軸にそった文のダイナミックな展開のプロセスにおいて変容していくことを示している。

　以上の時間軸にそった先行詞の意味の変容のオンライン・プロセスは、図8に示される。

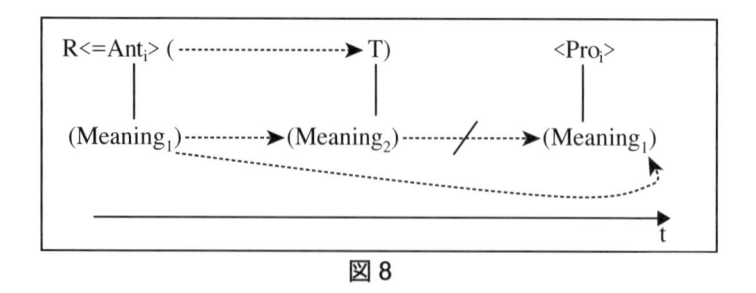

図 8

　この図の先行詞の R（<=Ant$_i$>）の意味（Meaning$_1$）は、この先行詞をふくむ文の途中の段階までは、［容器-------→中身］のメトニミーの認知プロセスを介して、T（Meaning$_2$）を意味する。しかし、この先行詞と呼応するゼロ照応詞（<Pro$_i$>）を解釈する時点では、先行詞の参照点（R）の意味（Meaning$_1$）に変容している。

　以上、本節で考察した照応現象に関する事実は、先行詞と照応詞の意味は、オンライン・プロセスの言語処理を捨象した語彙レベルないしは文構造のレベルで固定しているのではなく、言語理解にかかわる情報プロセスの展開においてダイナミックに変容することを示している。この種の言語現象の適切な記述・説明に関しては、文法現象に関するオンライン文法（On-line Grammar）の観点からの見直しが必要となる。このオンライン文法の枠組みに基づく言語現象の動的分析に関しては、山梨（2009: 第 7 章）を参照。

5.1.2 パートニミーと間接照応

　前節で考察した場所／空間の隣接関係に基づくトポニミー表現にかかわる間接照応と平行して、〈全体〉-〈部分〉の隣接関係に基づくパートニミー表現にかかわる間接照応も興味深い。次の例を見てみよう。

(5)　The phone$_i$ rang. Kugelmass lifted it$_i$ to his ear mechanically.

（Woody Allen, *The Kugelmass Episode*: 26）

(6)　The phone$_i$ rings again. I pick it$_i$ up. "Wouldn't I love to be in Key

West with you?" Johnny says. ... "Wrong number," I say.

（Ann Beattie, *The Burning House*: 234）

　これらの例では、一見したところ、先行文の the phone が後続の代名詞 it の先行詞として解釈される。しかし、実際にこの代名詞の it が指しているのは、電話器としての the phone それ自体ではなく、電話の一部である受話器である。（(5)、(6) のタイプの例で問題にされている電話は、現在普及している携帯電話ではなく、本体と受話器からなる旧式の電話器である点に注意する必要がある。）この場合、代名詞の it が 先行文脈の名詞句の the phone と直接的に照応関係にあるのではなく、電話器の一部である受話器と照応関係にあることが理解できるのは、全体から部分への認知プロセスがかかわるパートニミーの関係が、先行詞と代名詞の間に成立しているからである。

　基本的に、全体と部分の関係は、入れ子式の内部構造の関係として理解することができる。この種の構造を反映する言語表現の典型例としては、「右手の人さし指の第一関節の傷」、「家の台所のドアの取っ手のネジ」のような表現が考えられる。参照点構造の観点からみた場合、この種の全体と部分の関係は、図 9 のように規定される。

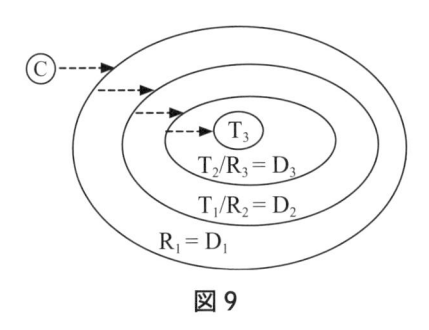

図 9

　このタイプの入れ子式の所有表現の特徴は、参照点（R）としての全体

とこの参照点が起動する支配領域（D=dominion）が同一であるという点にある。（図9では、この参照点と支配領域の同一性が、$R_i=D_i$ で示されている。）

　上の (5)、(6) のパートニミー表現にかかわる間接照応は、基本的にこの種の入れ子式の参照点構造に基づいて規定することが可能となる。

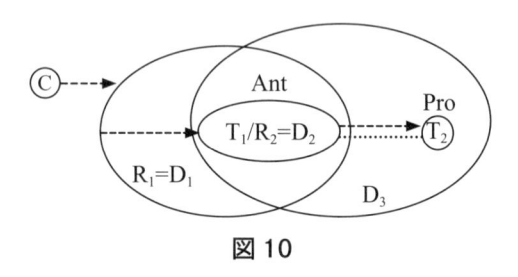

図 10

　図 10 の $R_1=D_1$ は、上の (5)、(6) の例の先行文のパートニミー表現の the phone、$T_1/R_2=D_2$ はその一部分としての the receiver に対応する。この場合、まず前者の the phone が参照点として起動され、これを起点にして the phone の一部分である the receiver がそのターゲットとしてアクセスされる。そして、このアクセスされた the receiver が後続文の代名詞の it と照応的に呼応することになる。

6.　メトニミー照応と連想のプロセス

　連想のプロセスは柔軟であり、人間の心的プロセスのかなりの部分が、広い意味での連想の認知プロセスとみなすことができる。連想のプロセスを広義に解釈するならば、3.1 節で考察したメトニミー照応（i.e. トポニミー照応とパートニミー照応）にかかわる認知プロセスも、連想のプロセスの一種と考えられるかもしれない。

　しかし、日常言語にかかわるメトニミーの認知プロセスには、連想のプ

ロセスからは区別される経験的な制約が存在する。(ここで問題にする経験的な制約とは、言語事実との関係からみたメトニミー現象の制約を意味する。)

　まず、照応にかかわるメトニミーの認知プロセスの考察に入る前に、メトニミーリンクと照応の認知プロセスを比較してみよう。この種のプロセスの典型は、表2に示される。

表2

〈**メトニミー**〉：鍋 [──▶ 食べ物]
〈**連　　　想**〉：鍋 [──▶ 蓋、取っ手、釜、…]

　表2では、メトニミーの一例として、「鍋が煮えている」のような表現のメトニミーリンク (e.g. 鍋 [──▶食べ物]) が示されている。「鍋が煮えている」という表現は、[容器] ──▶ [中身] のメトニミーリンクに基づくメトニミー表現の典型例である。類例としては、さらに「ドンブリをたいらげる」、「一升瓶を飲み干す」、「池が枯れる」、「お風呂が湧く」などの例が考えられる。

　この種のメトニミー表現にかかわる認知プロセスは、日常言語における興味深い間接照応を可能とする。例えば、2.1 節で考察した以下のメトニミー表現 (e.g.「鍋」、「ドンブリ」、「一升瓶」) は、〈容器〉-〈中身〉の空間の近接関係を介して、照応詞の「それ」(ないしは、ゼロ照応詞の「ϕ」) と同一指示の関係にある。(メトニミーの認知プロセスに基づくこの種の間接照応に関しては、2.1 節を参照。)

(1) a.　鍋$_i$ を食いかけたが、うまくないので {[それ$_i$]を / [ϕ_i]} 猫にあげてしまった。

　　b.　〈[それ] / [ϕ]=鍋の中身 / 食物〉

(2) a.　ドンブリ_i がでてきたので、すぐに {[それ_i]を / [φ_i]} 食べた。

　　b.　〈{[それ] / [φ]}＝ドンブリの中身 / 食べ物〉

(3) a.　一升瓶_i を飲みかけて、途中で {[それ_i]を / [φ_i]} こぼしてしまった。

　　b.　〈{[それ] / [φ]}＝一升瓶の中の酒〉

　これにたいし、いわゆる連想のプロセス（たとえば、表2にみられる連想のプロセス）は、この種の言語現象には関係しない。例えば、表2に示される鍋から、蓋、取っ手、釜、等を文脈に応じて連想することは可能である。しかし、(4) の例における「鍋」を先行詞とした場合、後続の代名詞の「それ」を（鍋から連想される）蓋、取っ手、釜、等と解釈することは不可能である。((4) の文頭の（＃）は、問題の文の適切性が文脈によって左右されることを意味する。)

(4) i.（＃）男は、作業場で時間をかけて大きな鍋_i を作った。[それ_i] は
　　　とてもユニークな形をしており、実に魅力的だ。

　ii.　〈[それ] ＝ 鍋〉

　iii. a.〈[それ] ≠ 蓋〉

　　b.〈[それ] ≠ 取っ手〉

　　c.〈[それ] ≠ 釜〉

　(4i) の代名詞（「それ」）は、先行文脈の「鍋」と照応関係にある代名詞として解釈することは可能である (cf. (4ii))。しかし、この代名詞は、仮に蓋、取っ手、釜、等が鍋から文脈に応じて連想されるとしても、先行詞の鍋に照応的に呼応する代名詞として解釈することは不可能である。

　この場合、蓋や取っ手は、鍋に付随している部分であり、鍋と蓋（ないしは取っ手）は近接関係にある。したがって、上にみたメトニミーリンクに基づく照応と同じように、連想的な照応が可能なようにみえるが、実際

には (4) の iii の a〜c の照応の解釈は不可能である。

　以上の事実は、日常言語のメトニミー表現にかかわる認知プロセス（メトニミーリンクの認知プロセス）は、一般的な広い意味での連想の認知プロセスとは質的に異なるプロセスであることを示している。

　広義の連想の認知プロセスもメトニミーの認知プロセスも、人間の心のプロセスの一部であり、人間の脳の情報処理プロセスの一面を反映するものである。本節で考察したメトニミーと連想の認知プロセスの考察は、連想、推論、思考、判断、等の知のメカニズムを明らかにしていく認知科学の基礎研究として重要な知見を提供する。

7.　プロファイル・シフトと間接照応

　われわれがある複数の成員からなる集合体を把握する場合、その集合体を一つの統合されたセットをプロファイルして（すなわち、その単一体としてのセットに焦点を当てて）把握する場合と、その集合体を構成する成員をプロファイルして（すなわち、セットを構成する成員に焦点を当てて）把握する場合の二つの可能性が考えられる。

　ただし、問題の集合体の統合されたセットそれ自体に焦点をおくと同時に、その集合体の成員に焦点をおいて把握することは不可能である。この焦点化に関する認知の制約は、図 11 のルビンの盃の図における図／地の認知に関する制約に通じる。この図は、白い領域に焦点をおいた場合には盃の図として把握されるが、逆に黒い領域に焦点をおいた場合には，二人の人が向き合っている図として把握される。しかし、この図にたいして，同時に以上の二つの解釈をすることは不可能である。ゲシュタルト心理学においては、この種の図は、図／地の反転図形と呼ばれ、一方の解釈から他方の解釈に反転する図形として位置づけられる。

ルビンの盃

図 11

　焦点化にかかわるこの種の反転の認知プロセスは、集合体の二つの解釈（すなわち、集合それ自体のセットに焦点をおく解釈とその集合体のメンバーに焦点をおく解釈）の認知にも関係している。

　ここでは、集合体に関するこの二つの認知的な把握の違いを、図 12 の二つのイメージスキーマの違い（〈統合的スキーマ〉と〈離散的スキーマ〉の違い）として規定する。

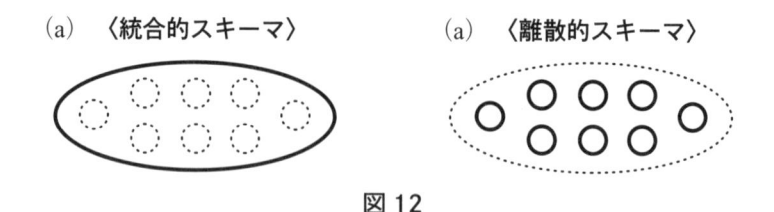

図 12

　図 12 の (a) は、集合体をセットとしての〈統合的〉な単一体としてプロファイルする場合、(b) は、集合体のセットそれ自体ではなく、その成員をプロファイルする場合を示している。

　この種の認知プロセスは、次のような集合名詞（e.g. audience, family）の用法の単数と複数の解釈の違いに反映されている。

（1）a.　They told me that there was a large audience in the theater.

　　　b.　They told me that the audience were deeply impressed.

（2）a.　Mr. Smith has a large family.

　　　b.　His family are early risers.

　（1a）、（2a）では、問題の集合名詞が〈統合的スキーマ〉として把握されている。これにたいし（1b）、（2b）では、問題の集合名詞が〈離散的スキーマ〉として把握されている。基本的に、この種の集合名詞の解釈の違いは、〈統合的スキーマ〉と〈離散的スキーマ〉の認知作用の違いとして理解することができる。

　集合名詞の単数と複数の解釈の違いは、（3a）、（3b）にみられる照応関係の違いによっても裏づけられる。

（3）a.　The committee$_i$ has made its$_i$ decision.

　　　b.　The committee$_i$ returned to their$_i$ seats.

　（3a）の場合には、参照点として機能する先行詞の the committee は、〈統合的スキーマ〉としての集合の単一体を意味する。したがって、この場合には、この先行詞に照応的に呼応する代名詞は、単数形（i.e. its）になっている。これにたいし、（3b）の場合には、参照点として機能する先行詞の the committee は、〈離散的スキーマ〉としての集合の複数の成員を意味する。したがってこの場合には、この先行詞に照応的に呼応する代名詞は、複数形（i.e. their）になっている。（3a）、（3b）タイプの事例にみられる〈統合的スキーマ〉／〈離散的スキーマ〉と参照点／ターゲットの照応関係は、それぞれ図 12、図 13 に示される。

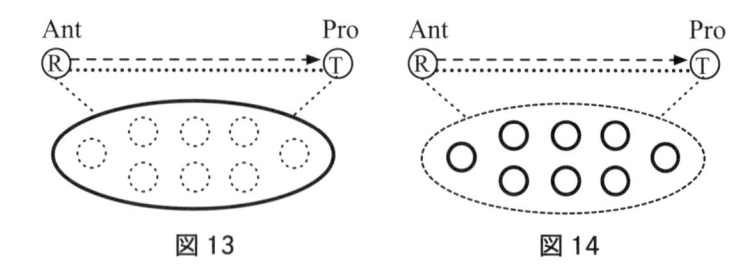

図 13　　　　　　　　　図 14

　以上の事実をみるかぎり、具体的な言語文脈における集合名詞の照応的な解釈は、単数の解釈ないしは複数の解釈のどちらかに固定されている。換言するならば、この種の集合名詞は、一度ある文脈において単数の意味で使用される場合、これに照応的に呼応する代名詞も単数の意味で使用され (e.g. (3a) の代名詞)、また問題の集合名詞が複数の意味で使用される場合には、これに照応的に呼応する代名詞も複数の意味で使用される (e.g. (3b) の代名詞) のが普通である。

　しかし先行詞と代名詞の照応関係が、常に単数か複数のいずれかに固定されているとはかぎらない。状況によっては、先行詞の単複の解釈と代名詞の単複の解釈が、オンラインの時間軸にそった文 (ないしはテクスト) の展開のプロセスにおいて変容する場合も考えられる。

8.　テクスト・レベルのオンライン照応

　前節では、文レベルにおける照応を可能とするゲシュタルト的な反転の認知プロセスの諸相を考察した。本節では、単一文ではなく、複数の文からなるテクストレベルにおける間接照応を考察する。

　まず、この種の照応がかかわる例として、複数の文からなる次のテクストを考えてみよう。

　(1)　John returned from the police$_i$ yesterday. He said they$_i$ treated him like a child.

　この例には、二つの照応が関係している。一つは、第 1 文の主語（John）と後続文の主語（He）と補文の目的語（him）の間に成立する照応、もう一つは、第 1 文の前置詞の目的語（the police）と後続文の補文の主語（they）の間に成立する照応である。この二つの照応のうち、前者の照応は、きわめて単純な直接照応である。

　（1）の例で興味深いのは、むしろ二番目の照応（i.e. 先行詞の the police と 照応詞の they の間に成立している照応）である。一見したところ、この照応も単純な直接照応の例のようにみえるが、実際には先行詞の the police と照応詞の they は、テクストのオンライン・プロセスの文脈において意味が変容している。（1）の先行文の the police は警察（署）の意味であるが、後続文では、警察の関係者を意味する複数形の代名詞の they がこれに呼応している。

　このタイプの事例は、先行詞と代名詞の文字通りの同一指示性に基づく照応の制約では、一律に予測することは不可能である。（1）のタイプの事例には、図 15 に示されるような、文脈における〈統合的スキーマ〉から〈離散的スキーマ〉への認知作用のダイナミックな変化（すなわち、〈統合的スキーマ〉から〈離散的スキーマ〉へのシフト）がみられる。

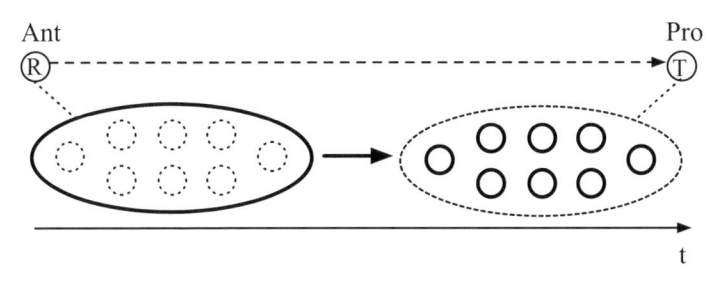

図 15

　図 15 の場合、先行詞（Ant）の R は、〈統合的スキーマ〉を指示する先行

文の the police に、また代名詞（Pro）の T は、〈離散的スキーマ〉を指示する後続文の they に対応する。また、この図の〈統合的スキーマ〉から〈離散的スキーマ〉に延びる矢印は、前者のスキーマから後者のスキーマへのプロファイル・シフトの認知プロセスを示している。上の（1）のタイプの照応現象の存在は、この〈統合的スキーマ〉から〈離散的スキーマ〉へのプロファイル・シフトにかかわる認知作用の柔軟性を考慮するならば、自然に理解することができる。

　図 15 のタイプの照応の場合には、先行詞と代名詞の照応関係の背景となるスキーマが、〈統合的スキーマ〉から〈離散的スキーマ〉の方向にシフトしている。これとは逆に、図 16 に示されるように、〈離散的スキーマ〉から〈統合的スキーマ〉にシフトする方向はどうか。

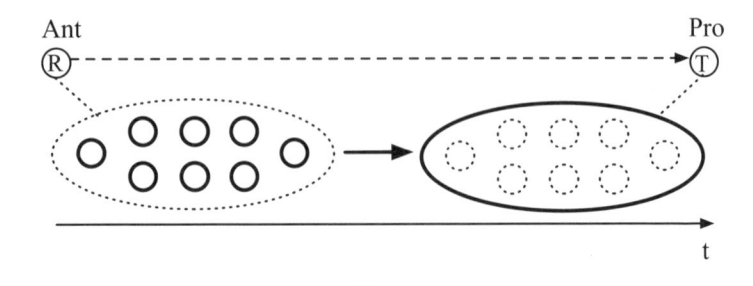

図 16

　テクストの展開に沿って、この方向で先行詞と代名詞の指示内容がオンライン的に変容していく例としては、（2）の例が考えられる（cf. 第 4 章：4.2 節）。

(2)　Fry the onions$_i$ in the butter till they$_i$'re tender. Add the carrots, parsely, salt, and pepper, and put it$_i$ all into a buttered casserole dish. Pour the cream on top, cover, and bake at 350 for forty-five minutes.

(Peg Bracken, *The I Hate to Cook Book*: 43)

　基本的に、照応関係にある先行詞と代名詞は、人称や数の上で一致するのが普通である。例えば、先行詞が複数であれば、基本的に後続の代名詞は複数形、先行詞が単数であれば後続の代名詞も単数形になるはずである。しかし、(2) のタイプのテクストをみるかぎり、この種の一般化は成り立たない。

　(2) は、料理の作り方の手順を説明しているマニュアルの一節である。このテクストでは、第 1 文の先行詞は複数形の the onions であるが、これと照応関係にある後続文の代名詞は、テクストの展開に沿って、複数形の they から単数形の it にオンライン的に変容している。より具体的にみるならば、このテクストの第 1 文では、オニオンをバターで柔らかくなるまで炒めると述べており、この時点では、その意味内容からして複数形の代名詞の they が先行詞の the onions と照応的に呼応している。しかし、第 2 文の最初の等位節では、この炒められたオニオンに、さらにニンジン、パセリ、塩、ペッパーが加えられ、先行詞の指示内容が変化している。テクストのこの時点までの先行詞の指示内容のオンライン的な変容のプロセスは、図 17 に示される。

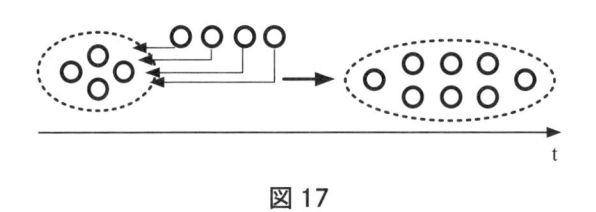

図 17

　図 17 は、先行詞の指示内容が、(時間軸に沿って)オニオンそれ自体から、オニオンにニンジン、パセリ、塩、ペッパーが加えられていくプロセスを示している。このプロセスを経た結果の状態が、この図の右端の〈離散的スキーマ〉に示されている。

　この時点では、(2) の例における第 2 文の後半の等位節 (i.e. put it all

into a buttered casserole dish）の代名詞の it は、図 16 の右端に示される〈離散的スキーマ〉に対応する先行詞の指示内容と直接的には照応しない点に注意する必要がある。何故なら、この時点における〈離散的スキーマ〉に対応する先行詞は、意味的には複数の指示内容に対応し、単数の代名詞の it と照応的に呼応することは不可能である。したがって、ここで単数の代名詞の it が（2）のテクストに生起しているのは一見したところ不可解である。

　しかし、図 18 に示されるように、第 2 文の後半の等位節の直前の時点で、先行詞の指示内容が〈離散的スキーマ〉から〈統合的スキーマ〉にシフトするならば、第 2 文の後半の等位節の段階で単数の代名詞の it が生起するのは自然に予測できる。

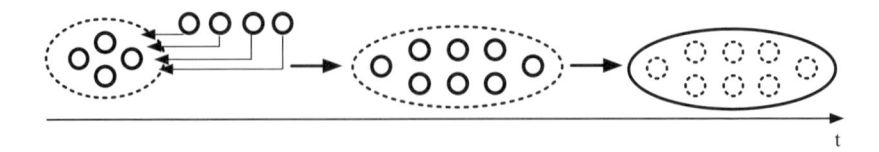

図 18

実際、（2）のテクストを解釈するならば、第 2 文の後半の等位節の時点で、オニオンにニンジン、パセリ、塩、ペッパーが加えられた全体を、一まとまりの存在として、バターをしいた蓋つきのディッシュに入れるように料理の手順が指示されている。したがって、この時点で、問題の先行詞が単数形の代名詞の it と照応的に呼応しているのは、自然に理解することができる。

　一般に、これまでの言語学における照応分析は、先行詞と代名詞の照応関係は、両者の間に成立する先行関係、統率関係といった形式的な構造上の制約から予測可能であるという前提に立って研究がなされてきている。しかし、以上にみた（1）、（2）のタイプの照応の事例は、この種の形式的

な構造上の制約だけからは、先行詞と代名詞の表層レベルの分布関係は予測できないことを示している。日常言語の照応現象を包括的に記述し、説明していくためには、本節で考察したように、テクストが指示する事態の変化に応じて、先行詞の指示内容がダイナミックに変化していくプロセスを規定する認知のメカニズムのモデル化を図っていく必要がある。

N.B. 以上、本節では、テクストのオンライン的な展開に沿って、問題の先行詞の指示内容がダイナミックに変化していく推論照応の注目すべき事例を考察した。この種の照応とは異なるが、主観的な推論がかかわる間接照応の例として、次のような例が興味深い。

> 公園内に家庭のゴミ等を絶対に捨てないで下さい。これに違反すると都市公園法などにより処罰されます。

　これは、筆者が京都の自宅の近くを散歩していたときに見かけた公園の注意書きである。この例で注目したいのは、二番目の文の代名詞（「これ」）である。一般に日常言語の典型的な照応の場合には、問題の代名詞に呼応する先行詞は先行文脈に見つかるのが普通である。上の公園の注意書きの場合、一見したところ問題の代名詞の「これ」に呼応するのは、先行文脈の依頼文（「公園内に家庭のゴミ等を絶対に捨てないで下さい」）のようにみえる。

　しかしこの場合、実際には「これ」の先行詞は、先行文脈のどこにも存在していない。この代名詞の先行詞は、以下に示されるように、むしろ先行文脈を構成する (i) の依頼文から語用論的に推論されて得られる (ii) の ［規則］ に照応的に呼応する。

　　　(i) 「公園内に家庭のゴミ等を絶対に捨てないで下さい」
　　　　　　　↓ …(語用論的推論)
　　　(ii) 「公園内で家庭のゴミ等を捨てないという［規則］が存在する」
　　　　　　　　　　‖
　　　　　　　　　「これ」

次の注意書きにおける代用表現の「同様で」の先行詞も、先行文脈には直接的には

存在していない。

> バイクをご利用の方は、敷地外
> でエンジン停止の上、入庫下さ
> い。出庫時も同様で、お願い申
> し上げます。

　この場合には、先行文脈の依頼の表現（「敷地外でエンジン停止の上、入庫下さい」）から語用論的な推論を介して得られる意味（i.e.［出庫する際にも敷地の外に出てからエンジンをかける］）に基づいて、「同様で」の意味解釈が可能となる。換言するならば、この場合の代用表現の「同様で」の意味を照応的に理解するためには、以上のような語用論的な推論が重要な役割をになう。

　統語論を中心とする形式文法のアプローチでは、一般に先行詞と代名詞の統語的関係（e.g. 先行関係、統率関係、等）に基づく文法的な制約（ないし統語的な制約）に基づいて、照応現象の記述・説明が試みられる。しかし、（以上の注意書きの例をふくむ）本節で指摘した語用論的な推論がかかわる各種の照応現象の事実は、このような統語論の自律性を前提とする形式文法のアプローチの本質的な限界を示している。

9. 話題のシフトとテクスト・レベルの照応

　日常言語の時間軸にそったテクストのダイナミックな展開には、前節にみた先行詞と照応詞の指示性が密接にかかわっている。この種の照応の指示性は、話題化（topicalization）を可能とする参照点能力の認知プロセスの観点からみても興味深い。

　日本語の場合には、この話題に相当する要素は、助詞の「は」によってマークされる。「は」の基本的な用法は、次の例にみられる。

(1) a. この家は日当りがいい。

　　 b. あの店はとてもおいしい。

(2) a. 今年は景気があまりよくない。

　　 b. この春は花粉が多い。

　この場合、「は」がマークする主語は、いずれも参照点としての機能をにない、この参照点を介して「は」によってマークされた主語の属性が叙述される。（話題化に関する「は」の参照点機能に関しては、さらに山梨（2000: 95–99）を参照。）

　(1)、(2) のタイプの例では、文頭の主語が「は」によってマークされている。これにたいし次の例では、文頭の名詞が左方に転位され、これに照応的に呼応する代名詞が「は」によってマークされている。（以下の例の先行詞とこれに後続する照応詞に付けられているサブスクリプトの i は、この二つの名詞が、照応的に同一指示的であることを示すものとする。）

(3) a. 今話題の首相の奥さん$_i$、彼女$_i$は政界のいろいろな仕事に口出しをしているようだ。

　　 b. 芸能界に復帰したあの歌手$_i$、彼$_i$はスキャンダルで逃げまわっている。

　この種の例では、文頭に転位されている名詞が参照点となり、この参照点が、その指示対象を叙述する命題のターゲットの候補の支配領域を起動する。参照点構造の観点からみた場合、話題化がかかわる (3) のタイプの照応関係は、次のように規定される。

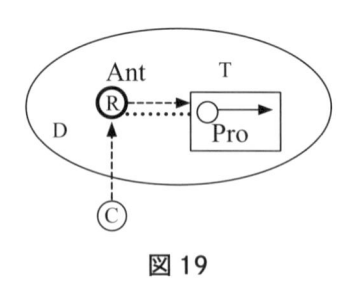

図 19

　図 19 の R は、文頭に前置された先行詞としての表現 (e.g.「今話題の首相の奥さん」、「芸能界に復帰したあの歌手」)、T でマークされているボックスは先行詞を叙述する後続の命題、この命題内のサークル (○) は先行詞と照応関係にある代名詞に対応する。ボックス内のサークルから右方向に延びる矢印は、命題にかかわる何らかの行為の力を示すものとする。また、先行詞である R と代名詞のサークルを結ぶ点線は、照応的に両者が同一指示的であることを示している。(図 19 の命題内のサークルは、先行詞の名詞と問題の命題を結びつけるいわばピボットとして機能する。このピボットにより、話題となっている先行詞の名詞を後続の命題によって叙述することが可能となる。)

　ここまでの考察では、単一の文レベルにおける話題化と照応の関係が問題になっている。これにたいし次の例では、複数の文から構成されるテクスト・レベルにおける話題化と照応の関係が問題になる。

(4)　　先日、アメリカの俳優$_i$ が日本にやってきた。彼$_i$ は、ハリウッド映画の宣伝のために世界を飛びまわっている。また、{彼$_i$ は／(ϕ)$_i$} 環境保護の運動家としても活躍している。{彼$_i$ は／(ϕ)$_i$} また非常に厳格なクリスチャンでもある。

　この例では、最初の文の主語が、テクストの展開のための話題として一次的な焦点の機能をにない、これを参照点として、この参照点と照応的に

呼応する代名詞をふくむ後続文の命題群が（ターゲットとして）起動されている。参照点構造の観点からみた場合、テクスト・レベルの話題化がかかわるこのタイプの照応関係は、次のように規定される。

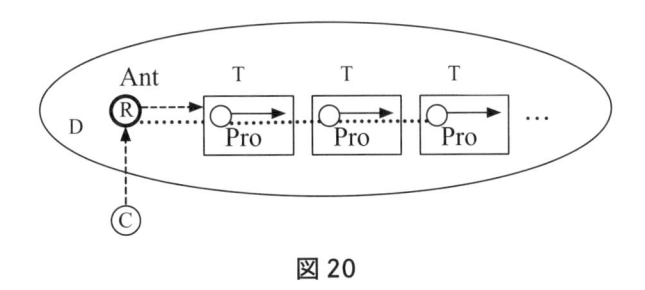

図20

　図20のRは、最初の文において先行詞としての機能をになう主語（「アメリカの俳優」）、Tでマークされている複数のボックスはこの先行詞を叙述する後続の（ターゲットとしての）命題群、各命題の中のサークル（○）は先行詞と照応関係にある代名詞に対応する。（先行詞であるRとこれらの代名詞のサークルを結ぶ点線は、照応的に両者が同一指示的であることを示している。）

　テクスト・談話レベルからみた話題の展開に関しては、さらに次の例が考えられる。

(5)　　むかし、近江の源五郎$_i$という男が天にのぼり、…… 雨を降らせる
　　　手伝いを頼まれました。ふと雲の下を見ると自分$_i$の田が見える
　　　ので、たくさん雨を降らせようと思ってかめの水をこぼしまし
　　　た。　　　　　　　　（日本民話の会『決定版 日本の民話事典』: 83）

　(5) の場合には、このテクストの導入文の話題（「源五郎」）が、参照点としての先行詞として機能し、これと同一指示的な関係にある代名詞（「自分」）が先行詞の起動する後続文の探索領域の中にそのターゲットとして同

定される。

　また、談話レベル（ないしはテクスト・レベル）の導入文における話題は、これに関連する後続文脈の構成要素の生起する探索領域を起動する機能をになう。例えば、(6) と (7) の場合には、導入文の話題 (i.e. ニックネームの命名、大晦日の仕事) がこれに関連する後続文脈のターゲットとしての構成要素 (i.e. 一連のニックネーム、大晦日の具体的な行為) の生起する探索領域を起動する役割をになっている。

(6)　　今日学校へ行ってみんなにあだなをつけてやった。校長は狸、教頭は赤シャツ、英語の教師はうらなり、数学は山嵐、画学はのだいこ。今に色々な事をかいてやる。さようなら。

（夏目漱石『坊っちゃん』：25）

(7)　　今日は大晦日だ。母は年越しそばの準備をしている。父は障子を洗っている。姉と弟は玄関の掃除をしている。

　場合によっては、導入文の話題が、テクストの展開に沿って複合的に分岐していく例も考えられる。次の例をみてみよう。

(8)　　スリムで清潔感のある男になりたい。スリムになるには、ジョギングがいい。ダイエットもしたほうがいい。清潔感を出すには、まず無精髭を剃らねば。それからシャワーの回数も増やそう。

　この場合、導入文において焦点化されている話題は、下位の二つの話題 (i.e. スリム、清潔感) に焦点が分岐し、それぞれの下位の話題が次の焦点として、これに関連する後続文脈の構成要素の命題の生起する探索領域を起動する機能をになっている。基本的に同様の展開は、(9) の例にもみられる。

(9)　　毎年、家の軒先にスズメバチが巣を作る。今年も二つ、作った。一つは途中で女王が死に、作りかけの小さな巣が残った。もう一つは子供たちが元気に育ち、立派な巣になった。

(養老孟司『涼しい脳味噌』: 150)

　(9) の場合には、導入文において焦点化されている話題 (i.e. スズメバチの巣作り) は、意味的にはタイプ・レベルの話題である。このタイプ・レベルの話題が、次の文においてインスタンス・レベルの話題 (i.e. 今年の二つの巣作り) に推移し、後者の話題がさらに下位のインスタンス・レベルの話題に分岐している。そして、この下位の話題が、それぞれ次の焦点として、これに関連する後続文脈の構成要素の命題の生起する探索領域を起動する機能をになっている。

　一般に、われわれが照応関係を介して談話 (ないしはテクスト) を展開していく場合には、その談話 (ないしはテクスト) の重要なテーマとなる部分を先行詞として焦点化し、その焦点化された先行詞の部分が起動する文脈に存在する対象に焦点を移動していく。この場合、ある焦点から次の焦点への推移は恣意的になされるわけではない。基本的に、最初の焦点の選択 (すなわち、先行詞の選択) は、次の焦点への推移を可能とするしかるべき文脈を起動する。換言するならば、次の焦点の選択は、前の焦点が起動する文脈のなかに存在する対象の範囲に限定され、これ以外の文脈のなかに次の焦点の選択を求めることは不可能である。

　照応現象において、先行詞に呼応する代名詞 (ないしは代用表現) の候補は、最初の焦点の選択 (すなわち、先行詞の選択) によって起動される文脈の範囲に限定される。本節で考察した文レベルと談話・テクストレベルの照応現象は、この意味での焦点連鎖にかかわる認知的な制約を満たしている。文レベル、談話・テクストレベルにおける照応関係の適否を判断していくためには、以上にみた焦点の推移に関する認知的な制約を考慮する必要がある。

10. 結語と展望

　本章では、認知言語学の記述、説明において中心的な役割をになう参照点モデルの観点から、文レベルと談話（ないしはテクスト）のレベルにおける照応と話題化にかかわる言語理解の一面を考察した。

　日常言語の意味解釈のプロセスは、言語表現を解釈の手がかりとして参照しながら、その背後の意味を汲み取っていくダイナミックな認知プロセスである。換言するならば、日常言語の伝達は、言語的な手がかりを意味解釈の指標の一部として参照しながら、その背後の意味を推定していくダイナミックな認知プロセスであると言える。本章で考察した参照点とターゲットの認知プロセスに基づく照応の解釈は、この種のダイナミックな言語理解の認知プロセスの一面を明らかにしている。

　照応現象における先行詞や談話・テクストのレベルにおける話題は、言語伝達における結束性（cohesion）と一貫性（coherence）を保証するための重要な言語的な手がかりとして機能する。われわれの言語伝達の能力は、先行詞や話題としてコード化される言語的な手掛かりを参照点として、意図される意味を推定していく一般的な認知能力に支えられている。一般的な認知能力のなかでも、とくにある指標を手がかりとして認知し、これを媒介としてその背後の意味を推定していく参照点能力は、日常言語の伝達を可能とする重要な認知能力の一つとして注目される。

　本章では、この参照点能力に基づく認知モデル（i.e. 参照点モデル）を中心に、文レベルと談話・テクストのレベルにおける照応と話題化にかかわる言語現象の一面を考察した。ここで問題とする参照点能力は、言語外の知識から独立し、自律的な能力として存在しているようにみえる意味理解の能力の根源にかかわっている。意味理解の能力は、言葉の形式としての指標を手がかりとして認知し、しかるべき意味を推定していく参照点能力の一種と考えられる。一見、記号の形式と意味の閉じた関係を律し、自律的に安定しているようにみえる意味理解の能力は、コミュニケーション

の場における指標とこの指標を手がかりにその背後の意味を推定していく
参照点能力に根ざしている。記号の形式と意味のダイナミックな関係から
なる日常言語のメカニズムと伝達のメカニズムを明らかにしていくために
は、参照点能力を中心とする一般的な認知能力に基盤をおく新しい言語学
の視点から、言語現象の根本的な問い直しをしていく必要がある。

　本章の考察では、文レベルと談話・テクストのレベルの言語的な手がか
りにかかわる照応現象の理解の諸相を考察したが、言語理解に際して参照
する指標的な手がかりは、言語的な情報にかぎられるわけではない。日常
のコミュニケーションには、言語的な手がかりだけでなく、身振り、手ぶ
り、表情、パラ言語的な情報をはじめとする非言語的な手がかりも密接に
かかわっている。伝達の状況によっては、この後者の非言語的な手がかり
が、意味解釈のための指標的な手がかりとして重要な役割をになう。参照
点能力に基づく本章の照応分析は、言語的な指標がかかわる意味解釈の側
面に適用されているが、この参照点モデルの言語分析は、狭義の言語的な
手がかりに基づく意味解釈のメカニズムの解明だけでなく、身振り、手ぶ
り、表情、パラ言語的な情報の手がかりに基づく、非言語的な伝達の解釈
のメカニズムの解明にも適用していくことが可能となる。

[引用文出典]

Allen, Woody: 'The Kugelmass Episode.' (15–27) in A. Coren (ed.) *Modern Humour.* Harmondworth, Middlesex: Penguin Books, 1983.

Anderson, Sherwood: 'The Triumph of the Egg.' (115–139) in M.J. Weiss (ed.) *10 Short Plays.* New York: Dell, 1963.

Beattie, Ann: *The Burning House.* New York: Ballantine Books, 1979.

Bracken, Peg: *The I Hate to Cook Book.* New York: Fawcett, 1960.

Carroll, Lewis: *Alice's Adventures in Wonderland.* New York: Signet, 1960.

Carroll, Lewis: *Through the Looking-Glass.* New York: Signet, 1960.

Faulkner, William: 'A Rose for Emily.' (217–226) in D. Angus (ed.) *The Best Short Stories of the Modern Age.* Greenwich, Conn.: Fawcett, 1962.

Fitzgerald, F. Scott: *The Great Gatsby.* Harmondsworth, Middlesex: Penguin Books, 1926.

Forster, E.M.: *A Passage to India.* Harmondsworth, Middlesex: Penguin Books, 1936.

Hayakawa, Samuel I. : *Through the Communication Barrier.* New York: Harper & Row, 1979.

Hearn, Lafcadio: 'The Japanese Smile.' (356–386) in *Glimpses of Unfamiliar Japan.* Boston: Houghton Mifflin, 1922.

Laing, R.D.: *Conversations with Children.* Harmondsworth, Middlesex: Penguin Books, 1978.

Miller, Arthur: *Death of a Salesman.* Harmondsworth, Middlesex: Penguin Books, 1949.

Pinter, Harold: 'The Birthday Party.' (17–97) in *Complete Works of Harold Pinter.* Vol. I. New York: Grove Press, 1976.

Pinter, Harold: 'The Room.' (99–126) in *Complete Works of Harold Pinter.* Vol. I. New York: Grove Press, 1976.

Pinter, Harold: 'The Dumb Waiter.' (127–165) in *Complete Works of Harold Pinter.* Vol. I. New York: Grove Press, 1976.

Terkel, Studs: *Working.* New York: Avon, 1972.

Updike, John: 'Friends from Philadelphia.' (42–48) in *Forty Stories*. Harmondsworth, Middlesex: Penguin Books, 1987.

Wilder, Thornton: 'The Happy Journey to Trenton and Camden.' (55–80) in M.J. Weiss (ed.) *10 Short Plays*. New York: Dell, 1963.

太宰　治：「富獄百景」(47–71)，『走れメロス他』新潮文庫，1985，改版.

林　芙美子：『女家族』角川文庫，1955.

井上　靖：『本覚坊遺文』講談社文庫，1984.

川端康成：『古都』新潮文庫，1987，改版.

国木田独歩『武蔵野』新潮文庫，1967，改版.

倉田百三：『出家とその弟子』角川文庫，1968，改版.

今　東光：『悪名』新潮文庫，1964.

丸谷才一：「だらだら坂」(147–168)，『横しぐれ』講談社文庫，1990.

松村栄子：「至高聖所（アバトーン）」『文藝春秋』(398–434)，3月号，1992.

松谷みよ子：『龍の子太郎』講談社文庫，1972.

三浦　浩：『京都大学殺人事件』集英社文庫，1986.

森　鴎外：『高瀬舟』岩波文庫，1938.

中河与一：『天の夕顔』こびあん書房，1980.

中野重治：『梨の花』岩波文庫，1985.

成田きん・蟹江ぎん：『百歳まで生きんしゃい』（綾野まさる（編）），小学館，1992.

夏目漱石：『坊っちゃん』岩波文庫，1929.

日本民話の会（編）：『決定版 日本の民話事典』講談社文庫，2002.

西岡まさ子：『緒方洪庵の妻』河出書房新社，1988.

奥津　要（編）：『古典落語（上）』講談社文庫，1972.

折口信夫：『死者の書』中公文庫，1974.

沢木耕太郎：『一瞬の夏』新潮文庫，1984.

島崎藤村：『千曲川のスケッチ』新潮文庫，1955.

曾野綾子：『神の汚れた手（下）』朝日新聞社，1980.

外山滋比古：『文章を書く心』福武書店，1986.

柳田国男（編）：『日本の昔話』新潮文庫，1983.

養老孟司『涼しい脳味噌』文春文庫，1995.

[参考文献]

朝倉季雄　1984. 『フランス文法メモ』白水社.

Antilla, R. 1989. *Historical and Comparative Linguistics*. Amsterdam: John Benjamins.

Ariel, M. 1988. "Referring and Accessibility," *Journal of Linguistics* 24, 65–87.

Austin, J.L. 1962. *How to Do Things with Words*. London: Oxford University Press. (坂本百大 (訳) 1978. 『言語と行為』大修館書店.)

馬場俊臣　1992. 「指示詞―後方照応の類型について」『表現研究』55, 20–27.

Bach, E. 1968. "Nouns and Noun Phrases," in E. Bach and R.T. Harms (eds.) *Universals in Linguistic Theory*. New York: Holt, Rinehart & Winston, 90–122.

Bach, E. 1970. "Problominalization," *Linguistic Inquiry* 1 (1), 121–122.

Benveniste, E. 1956. "La nature des pronoms," in M. Halle *et al.* (eds.) *For Roman Jakobson: Essays on the Occasion of his Sixtieth Birthday*. The Hague: Mouton, 34–37.

Bolinger, D. 1979. "Pronouns in Discourse," in T. Givón (ed.) *Syntax and Semantics*. New York: Academic Press, 289–309.

Brown, G. and G. Yule 1983. *Discourse Analysis*. Cambridge: Cambridge University Press.

Bühler, K. 1934. *Sprachtheorie*. Jena: Gustav Fischer.

千葉修司・稲田俊明　1984. 「アメリカ英語教科書にみられる代名詞の取り扱いについて」『英語教育』7 月 (増刊号), 76–91.

Chafe, W. 1994. *Discourse, Consciousness, and Time*. Chicago: University of Chicago Press.

Chomsky, N. 1965. *Aspects of the Theory of Syntax*. Cambridge, MA: MIT Press.

Christopherson, P. 1939. *The Articles: A Study of their Theory and Use in English*. Copenhagen: Munksgaard.

Edes, E. 1968. "Output Conditions on Anaphoric Expressions with Split

Antecedents," Unpublished Paper, Dept. of Linguistics, Harvard University.

Fauconnier, G. 1985. *Mental Spaces: Roles and Strategies*. Cambridge, MA: MIT Press.

Fodor, J.A. 1983. *The Modularity of Mind*. Cambridge, MA: MIT Press.

Garrod, S.C. and A.J. Sanford 1982. "The Mental Representation of Discourse in a Focussed Memory System," *Journal of Semantics* 1 (1), 21–41.

Geach, P. 1962. *Reference and Generality*. Ithaca: Cornell University Press.

Gensler, O. 1977. "Non-syntactic Antecedents and Frame Semantics," *Proceedings of the Third Annual Meeting of the Berkeley Linguistics Society*, 321–334.

Giorgi, A. 1983. "Toward a Theory of Long Distance Anaphors," *The Linguistic Review* 3 (4), 307–361.

Givón, T. 1983. "Topic Continuity in Discourse: The Functional Domain of Switch Reference," in J. Haiman and P. Munro (eds.) *Switch Reference and Universal Grammar*. Amsterdam: John Benjamins, 51–82.

Grice, H.P. 1975. "Logic and Conversation," in P. Cole and J. Morgan (eds.) *Syntax and Semantics*. New York: Academic Press, 41–58.

Grinder, J. and P.M. Postal 1971. "Missing Antecedents," *Linguistic Inquiry* 2 (3), 269–312.

Grishman, R. 1986. *Computational Linguistics*. Cambridge: Cambridge University Press. (山梨正明・田野村忠温（訳）『計算言語学』サイエンス社, 1989.)

Halliday, M.A.K. and R. Hasan 1976. *Cohesion in English*. London: Longman.

Hankamer, J. and I.A. Sag 1976. "Deep and Surface Anaphora," *Linguistic Inquiry* 7 (3), 391–428.

橋本進吉　1948.『国語法研究』岩波書店.

Haviland, S.E. and H.H. Clark 1974. "What's New? Acquiring New Information as a Process in Comprehension," *Journal of Verbal Learning and Verbal Behavior* 13, 512–521.

Hawkins, J.A. 1978. *Definiteness and Indefiniteness*. London: Croom Helm.

Hinds, J. 1978. "Anaphora in Japanese Conversation," in J. Hinds (ed.)

Anaphora in Discourse. Edmonton: Linguistic Research, Inc., 136–178.

平塚 徹　1991.「文脈・状況を受ける c'est NP qui VP」『フランス語学研究』25，12–24.

飯田 仁　1988a.「自然言語対話の言語運用特性と対話処理の研究課題」『人工知能学会誌』3（4），49–56.

飯田 仁　1988b.「異言語間対話を目指す端末間通訳モデル」『認知科学の発展 1』講談社，112–140.

今西典子　1987.「照応表現とその習得」大津由紀雄（編）『ことばからみた心』東京大学出版会，35–78.

今西典子・浅野一郎　1990.『照応と削除』大修館書店.

Imanishi, N.T. 1989. "Some Nominal Anaphora in English and Japanese," *Text* 9 (3), 275–289.

石崎 俊・井佐原 均　1984.「文脈解析のための意味表現構造 I－MOP について」『認知科学会論文集』1，34–35.

Jakobson, R. 1960. "Closing Statement: Linguistics and Poetics," in T.A. Sebeok (ed.) *Style in Language*. Cambridge, MA: MIT Press, 350–377.

Jespersen, O. 1956. *A Modern English Grammar, Part VII* (Syntax). London: George Allen & Unwin.

Johnson-Laird, P. N. 1983. *Mental Models*. Cambridge: Cambridge University Press.

Karttunen, L. 1969a. *Problems of Reference in Syntax*. Dept. of Linguistics, Indiana University, Ph.D. Dissertation. (Ann Arbor, Michigan: University Microfilms)

Karttunen, L. 1969b. "Pronouns and Variables," *Papers from the Fifth Regional Meeting of Chicago Linguistic Society*. Chicago: Chicago Linguistic Society, 108–116.

喜田浩平　1992.「'それ' はどういう意味か？」京都言語学コロキウム，口頭発表.

高坂（吉藤）京子　1986.「英語の名詞句における定・不定と領域の限定」木村俊夫・金関寿夫・斎藤 勇（編）『文学とことば―イギリスとアメリカ』南雲堂，497–511.

168 | 文　献

久野 暲　1978.『談話の文法』大修館書店.
黒田成幸　1979.「(コ)・ソ・アについて」林栄一教授還暦記念論文集刊
　　行委員会（編）『英語と日本語と』くろしお出版, 41–59.
Lakoff, G. 1970. "Pronominalization, Negation, and the Analysis of
　　Adverbs," in R.A. Jacobs and P.S. Rosenbaum (eds.) *Readings in English
　　Transformational Grammar*. Waltham, MA: Xerox, 145–165.
Lakoff, G. 1972. "Linguistics and Natural Logic," in D. Davidson and G.
　　Harman (eds.) *Semantics of Natural Language*. Dordrecht: Reidel, 545–665.
Lakoff, G. 1976. "Pronouns and Reference." in J.D. McCawley (ed.) *Syntax and
　　Semantics: Notes from the Linguistic Underground*. New York: Academic
　　Press, 275–335.
Lakoff, G. 1987. *Women, Fire, and Dangerous Things*. Chicago: University of
　　Chicago Press.
Lakoff, G. and J.R. Ross 1972. "A Note on Anaphoric Islands and Causatives,"
　　Linguistic Inquiry 3 (1), 121–125.
Lakoff, G. and M. Johnson 1980. *Metaphors We Live By*. Chicago: University of
　　Chicago Press.
Langacker, R.W. 1969. "On Pronominalization and the Chain of Command," in
　　D.A. Reibel and S.A. Schane (eds.) *Modern Studies in English: Readings
　　in Transformational Grammar*. Englewood Cliffs, N.J.: Prentice-Hall, 160–
　　186.
Langacker, R.W. 1984. "Active Zones," *Proceedings of the Tenth Annual
　　Meeting of Berkeley Linguistics Society*. Berkeley: Berkeley Lingusitics
　　Society, 172–188.
Langacker, R.W. 1987. *Foundations of Cognitive Grammar* (Vol. I). Stanford:
　　Stanford University Press.
Langacker, R.W. 1993. "Reference-point Constructions," *Cognitive Linguistics*
　　4 (1), 1–38.
Langacker, R.W. 1995. "Viewing in Cognition and Grammar," in P.W. Davis (ed.)
　　Alternative Linguistics: Descriptive and Theoretical Models. Amsterdam:
　　John Benjamins, 153–212.

Langacker, R.W. 1996. "Conceptual Grouping and Pronominal Anaphora," in B. Fox (ed.) *Studies in Anaphora*. Amsterdam: John Benjamins, 333–378.

Langacker, R.W. 1997. "A Dynamic Account of Grammatical Function," in J. Bybee, J. Haiman, and S.A. Thompson (eds.) *Essays on Language Function and Language Type*. Amsterdam: John Benjamins, 249–273.

Langacker, R.W. 2000. *Grammar and Conceptualization*. Berlin/New York: Mouton de Gruyter.

Langacker, R.W. 2001a. "Topic, Subject, and Possessor," in H.G. Simonsen and R. T. Endresen (eds.) *A Cognitive Approach to the Verb: Morphological and Constructional Perspectives*. Berlin/New York: Mouton de Gruyter, 11–48.

Langacker, R. W. 2001b. "Dynamicity in Grammar," *Axiomathes* 12, 7–33.

Langacker, R. W. 2008. *Cognitive Grammar: A Basic Introduction*. Oxford: Oxford University Press.（山梨正明（監訳）『認知文法論序説』研究社, 2011.）

Langacker, R. W. 2009. *Investigations in Cognitive Grammar*. New York/Berlin: Mouton de Gruyter.

MacWhinney, B. 1977. "Starting Points," *Language* 53 (1), 152–168.

三上 章　1960.『象は鼻が長い』くろしお出版.

Miller, G. A. and P. N. Johnson-Laird 1976. *Language and Perception*. Cambridge, MA: Harvard University Press.

Minsky, M. 1975. "A Frame for Representing Knowledge," in P. H. Winston (ed.) *The Psychology of Computer Vision*. New York: McGraw-Hill, 211–277.

桃内佳雄　1991.「文章における結束関係の理解のモデル」『学習と対話』（日本認知科学会：学習と対話研究分科会）, 91(1), 10–20.

Nash-Webber, B.L. 1978a. "Inference in an Approach to Discourse Anaphora," *Technical Report of Center for the Study of Reading* 77, University of Illinois, 1–21.

Nash-Webber, B.L. 1978b. "Description Formation and Discourse Model Synthesis," *Theoretical Issues in Natural Language Processing* 2, 42–50.

Norman, D. and D. Rumelhart 1975. *Explorations in Cognition*. San Francisco: Freeman.

小田 涼　2012.『認知と指示―定冠詞の意味論』京都大学学術出版会.

岡田禎之　1992.「Split Antecedent に関する一考察」関西認知言語学研究会, 口頭発表.

奥津敬一郎　1974.『生成日本語文法』大修館書店.

奥津敬一郎　1978.『「ボクハウナギダ」の文法』くろしお出版.

Partee, B.H. 1972. "Opacity, Coreference, and Pronouns," in D. Davidson and G. Harman (eds.) *Semantics of Natural Language*. Dordrecht: Reidel, 415–441.

Postal, P.M. 196. "Anaphoric Islands," *Papers from the Fifth Regional Meeting of Chicago Linguistic Society,* Chicago: Chicago Linguistic Society, 205–239.

Postal, P.M. 1970. "On Coreferential Complement Subject Deletion," *Linguistic Inquiry* 1 (4), 439–500.

Quirk, R. *et al.* 1985. *A Comprehensive Grammar of the English Language.* London: Longman.

Reinhart, T. 1983. *Anaphora and Semantic Interpretation.* London: Croom Helm.

Rosenberg, J.F. 1974. *Linguistic Representation.* Dordrecht: Reidel.

Rosch, E. 1973. "Natural Categories," *Cognitive Psychology* 4, 328–350.

Ross, J.R. 1969. "Guess Who?" *Papers from the Fifth Regional Meeting of Chicago Linguistic Society*, Chicago: Chicago Linguistic Society, 252–286.

Ross, J.R. 1970. "On Declarative Sentences," in R. A. Jacobs and P. S. Rosenbaum (eds.) *Readings in English Transformational Grammar.* Waltham, MA: Ginn & Co., 222–272.

Ross, J.R. 1971. "The Superficial Nature of Anaphoric Island Constraints," *Linguistic Inquiry* 2 (4), 599–600.

Ross, J.R. 1986. *Infinite Syntax.* Norwood, N.J.: Ablex.

定延利之　1988.「日本語の照応アイランドについてのメモ」京都言語学コロキアム・ノート.

佐久間 鼎　1951.『現代日本語の表現と語法』(増補版, 1983) くろしお出版.

Sanford, A.J. and S.C. Garrod 1981. *Understanding Written Language:*

Explorations of Comprehension beyond the Sentence. New York: John Wiley & Sons.

杉山さやか 2016.「日英指示詞の現場指示用法と文脈指示用法に関する認知言語学的考察」山梨正明 他（編）『認知言語学論考』，No.13，ひつじ書房，261–304.

田中穂積 1979.『計算機による自然言語の意味処理に関する研究』電子技術総合研究所報告書，No. 797，1–155.

田中穂積・元吉文男・山梨正明 1983.『言語理解』東京大学出版会.

寺村秀夫 1975.「連対修飾のシンタクスと意味 (1)」『日本語・日本語文化』（大阪外国語大学）4，71–119.

寺津典子 1983.「言語理論と認知科学」淵 一博（編）『認知科学への招待』日本放送協会，95–141.

寺津典子・山梨正明 1978.「日本語における照応現象について（その一）」，石綿敏雄（編）『計算機による日本語談話行動の総合モデル化』文部省：特定研究報告書，25–60.

寺津典子・稲田俊明・山梨正明 1979.「日本語における照応現象について（その二）」石綿敏雄（編）『計算機による日本語談話行動の総合モデル化』文部省：特定研究報告書，15–60.

Terazu, N., M. Yamanashi and T. Inada 1980. "Anaphora in Japanese (1)," *Studies in English Linguistics* 8, 32–52.

Tesniere, L. 1953. *Elements de syntaxe structurale*. Paris: Klinck Sieck.

van Hoek, K. A. 1992. *Paths through Conceptual Structure: Constraints on Pronominal Anaphora*. Ph.D. Dissertation, University of California, San Diego.

van Hoek, K. 1995. "Conceptual Reference Points: A Cognitive Grammar Account of Pronominal Anaphora Constraints," *Language* 71 (2), 310–340.

van Hoek, K. 1997. *Anaphora and Conceptual Structure*. Chicago: University of Chicago Press.

Ward, G., R. Sproat and G. McKoon 1991. "A Pragmatic Analysis of So-called Anaphoric Islands," *Language* 67 (3), 439–474.

Webber, B.L. 1978. *A Formal Approach to Discourse Anaphora*. Boston: Bolt,

Beranek & Newman.

Wittgenstein, L. 1953. *Philosophical Investigations*. New York: Macmillan.

山田孝雄　1908.『日本文法論』（復刻版，1970）宝文館.

山口堯二　1991.「古代語の修飾法」『表現研究』54，35–42.

山梨正明　1984.「間接照応の認定とその文脈的基盤」上野田鶴子（編）『日／英語の新しい対照分析とその言語教育への応用に関する予備的研究』トヨタ財団研究報告書，1–5.

山梨正明　1985.「照応論」『言語生活』406，28–29.

山梨正明　1986.『発話行為』大修館書店.

山梨正明　1987.「文脈と言語理解の諸相」『日本語学』6 (5)，26–36.

Yamanashi, M. 1987. "Metonymic Interpretation and Associative Processes in Natural Language," in M. Nagao (ed.) *Language and Artificial Intelligence*. Amsterdam: North-Holland, 77–86.

山梨正明　1988a.『比喩と理解』東京大学出版会.

山梨正明　1988b.「メトニミーリンクの認知的制約—連想と推論」『認知科学会論文集』5，74–75.

山梨正明　1988c.「文脈理解への言語学的アプローチ」『人工知能学会誌』3 (3)，55–85.

Yamanashi. M. 1989. "Pragmatic Functions of Sentence and Text Coordination in Natural Language," *Text* 9 (3), 291–305.

山梨正明　1990a.「ことばとメンタルプロセス—潜在照応の問題を中心に」認知言語学研究会，口頭発表.

山梨正明　1990b.「対話をめぐる言語環境—言葉のインタフェースとエコロジー」『言語とその環境シンポジウム論文集』（日本ソフトウェア学会），1–14.

山梨正明　1991.「修飾のレトリックと文法」『表現研究』54，43–57.

Yamanashi, M. 1994. "Metonymic Anaphora: A Cognitive Space in Natural Language," in S. Chiba *et al.* (eds.) *Synchronic and Diachronic Approaches to Language*. Tokyo: Liber Press, 577–591.

山梨正明　1995.『認知文法論』ひつじ書房.

山梨正明　2000.『認知言語学原理』くろしお出版.

Yamanashi, M. 2003. "Anaphora and Reference-Point Ability," in S. Chiba *et al.* (eds.) *Empirical and Theoretical Investigations into Language*. Tokyo: Kaitakusha, 537–548.

山梨正明　2004.『ことばの認知空間』開拓社.

Yamanashi, M. 2007. "A Cognitive Approach to Pronominal Anaphora: A Case Study of Japanese," in M. Sawada *et al.* (eds.) *Language and Beyond*. Tokyo: Eichosha, 569–581.

山梨正明　2009.「認知語用論からみた文法・論理・レトリック」、『語用論研究』11, 61–97.

Yamanashi, M. 2010. "Metaphorical Modes of Perception and Scanning," in A. Burkhardt and B. Nerlich (eds.) *Tropical Truth(s): The Epistemology of Metaphor and Other Tropes*. Berlin/New York: Walter de Gruyter, 157–175.

山梨正明　2012.『認知意味論研究』研究社.

山梨正明　2015.『修辞的表現論』開拓社.

Yamanashi, M. 2015. "Aspects of Reference Point Phenomena in Natural Language," *Journal of Cognitive Linguistics* 1, 22–43.

山梨正明　2016.『自然論理と日常言語』ひつじ書房.

Yamanashi, M. 2016. "New Perspectives on Cognitive Linguistics and Related Fields," in M. Yamanashi (ed.) *Cognitive Linguistics*. Vol.1, London: Sage Publications, xix–xlix.

Yamanashi, M. (ed.) 2016. *Cognitive Linguistics* (Vol.1〜Vol.5). London: Sage Publications.

安井 稔・中村順良　1984.『代用表現』研究社.

Yasuhara, K. 2012. *Conceptual Blending and Anaphoric Phenomena : A Cognitive Semantics Approach*. Tokyo: Kaitakusha.

米沢好史　1990.「間接照応関係の理解における先行詞の文脈性」平野俊二（編）『適応過程における目標指向性と文脈依存性』文部省：科学研究報告書，85–98.

古川千鶴子　1990.「日英語の省力のメカニズム（Ⅱ）」『大阪学院大学外国語論集』21，72–92.

索 引

あ

曖昧性 11, 117
アスペクト 29, 34–36

生きたメタファー 93
1 次的参照点 130, 131
1 次的焦点 129
一次的な発話行為 42
一般概念 117
一般的な知識 28, 47, 53, 55, 57, 62,
　　134
イディオム 75, 93–96
移動の操作 96
意味構造 55
意味上（指示対象・概念内容）の同一性
　　8
意味的（な）推論 15, 16, 18, 53, 56
意味の同一性 7
イメージスキーマ 146
入れ子式の内部構造 141
インスタンス・レベル 159
インタフェース 114, 115
隠喩 96

ヴォイス 36
迂言的表現 17
ウナギ文 88
運用能力 125

遠称（ア系）108

オンライン照応 148

オンライン・プロセス 48, 92, 100,
　　116, 149

か

外界照応（exophora）6
「外的」修飾 103–105
概念的知識 52
含意関係 56
間投助詞 31
換喩 134
慣用化のプロセス 111
関連性の格率 40

記憶 113
記号系 116
擬人化 89–92
擬物化 89, 90
基本的認知能力 124
近称（コ系）108
近接関係 76, 135, 136, 143, 144
近接性 89, 103

空所化 95

形式上（音韻・形態）の同一性 8
形式的な側面に関する同一性 8
形式文法 154
形態上の同一性 7
ゲシュタルト心理学 145
ゲシュタルト的な反転 148
言語運用能力 114, 115
言語外の知識 13, 14, 18, 27, 53, 107,
　　114, 118
言語外の文脈 10, 11, 107

行為 36
構造関係 116
構造の同一性 7
後方照応 5, 6
コード化 115, 160
ごっこ遊び 90, 91
言葉のあや 75–77, 89
語用論的（な）推論 10, 13–15, 17, 18,
　　24–29, 40, 45, 56, 57, 116, 153,
　　154
語用論的な知識 115

さ
再帰代名詞 64, 65, 133
3 次的参照点 130, 131
3 次的焦点 129
参照点（reference point） 126–129, 133,
　　138, 139, 141, 147, 155, 156
参照点起動の推論能力 125
参照点機能 155
参照点構造 137, 141, 155, 157
参照点能力 125–127
参照点モデル 134

指示内容 150, 152, 153
指示の同一性 7
自然言語処理 3, 113
事態の変化 153
質の格率 40
視点 91, 128
視点の投影 128
シネクドキ 77
支配領域（D=dominion） 126, 127, 133,
　　142, 155
集合体 145, 146
集合名詞 147, 148

修辞疑問 34, 43, 45
修辞疑問文 43, 45
修飾 95
修飾表現 29, 97
修飾部（modifier） 131, 132
終助詞 31
主体 31, 32, 36
主題 97–102
受動態 36
主要部（head） 97, 103, 130, 133
照応関係 4
照応詞 4
照応の分類 6
照応不能領域 68, 70–72
照応分析 152
状況指示 4
象徴能力 91
焦点 145, 146, 156
焦点化 158
焦点の選択 159
焦点連鎖（focus chain） 129–133
情報機能 131, 132
情報処理 3, 13, 100, 113, 118
省略 97
省略の操作 95, 96
省略分析 107
所有表現 141
身体部位 76

推論のシステム 115
推論のタイプ 10, 14, 17
スキーマ 105
図／地の認知 145
図／地の反転図形 145

ゼロ照応 97, 131

ゼロ照応詞 101
ゼロ先行詞 59–61, 63, 66, 67, 116
ゼロ代名詞 64, 70, 71, 85, 138
選言内容 41
先行関係 116, 152, 154
先行詞 4
潜在的先行詞 58, 59
前方照応 5, 6

創造的なメタファー 94, 96
存在論 89

た

ターゲット（target） 126–130, 138, 139,
　　　147, 155, 157
対象 36
代入の操作 94, 96
タイプ・レベル 159
代名詞化 95
多義性 117
単一構成素 64
単一体 146
単一の構成素 64–66
単一の先行詞 66
探索領域 127, 130, 131, 133, 157, 158
単数形 147
断定 42
短絡的表現 17
談話レベル 158

知識のスキーマ 47
知識（の）フレーム 53, 55
知のメカニズム 145
中央処理系 119
中称」（ソ系） 108
直喩 96

陳述 42

定名詞句 54
提喩 77
テクスト・談話レベル 157
テクストの展開 150, 151, 156, 158
テクスト・レベル 148, 157, 158
デフォールト値 53, 55, 57, 105, 106,
　　　107
典型的な値 53, 55, 105
テンス 29, 34–36, 39
転用 111
転用のプロセス 107

等位構造化 95
同一指示性 149
同一指示的 4
同一性の条件 5, 7, 8
同格連体名詞 104
統御 69–71
統合的照応 48, 52, 116
統合的スキーマ 146, 147, 149, 152
統語上（線状性・構造）の同一性 8
統語的な操作 95
統語論の自律性 154
統率関係 152, 154
導入文 157, 158
特定的 54
トピック 97, 98, 100, 101
トポス 79
トポニミー 76, 77, 79, 80, 82, 83,
　　　85–89, 92, 99, 103, 106, 111,
　　　135–138, 140, 142
トポニミー表現 136, 138
ドミニオン（D） 127
トラジェクター 129

な

内在先行詞 59, 68, 69

「内的」修飾 103

2 次的参照点 130, 131

2 次的焦点 129

人間の見たて 90

認知科学 3, 113, 119

認知言語学 124, 134

認知作用 147, 149

認知主体（conceptualizer）126

認知心理学 3, 113, 115

認知的な際立ち（prominence）131–133

認知的な視点 99

認知能力 124, 125

能動態 36

は

パースペクティヴ 124

パートニミー 76–79, 88, 101–103, 106, 135, 140–142

パートニミー照応 142

漠然性 11

発見的推論 118

発語内的な力 43

発語媒介的な力 43

発話行為 33, 41–43, 45, 46

発話の力 43

被修飾要素 97

否定 36–39, 41

否定辞 37

ファジー 117

フォーカス 87, 88, 134

付加の操作 96

不完全先行詞 59, 60

不在先行詞 61

不定名詞句 54

フレーム 53

プロファイル 146

プロファイル・シフト 145, 150

文法的な知識 114

文脈指示 4

文脈照応 4–6

文脈独立的な推論 18

分離先行詞 59, 63–67

分裂化 95

文レベル 148

補部（complement）130–133

補部要素 130, 131

ま

見たて 89–91

明示的先行詞 58

命題 156, 159

命題群 157

命題構造 65

メタファー 75, 88, 89, 93–96

メトニミー 75–77, 82, 89, 92, 103, 111, 134, 135, 142, 143, 145

メトニミー照応 134, 135, 142

メトニミー表現 136, 143

メトニミーリンク 143, 144

メンタル・コンタクト（mental contact）126

メンタルモデル 114, 115

モジュール性 118
モジュラー・アプローチ 118
モダリティ 20, 28, 29, 30, 31, 32, 33,
　　　34, 39, 40, 41
物の見たて 90

や
有形代名詞 85

様態の格率 40

ら
ランドマーク 129

離散的スキーマ 146, 147, 149, 152
量の格率 40
隣接関係 76, 77, 79, 80, 82, 99, 103,
　　　106, 135, 140
隣接性 77, 82, 89, 102

類似性 69, 71, 89
ルビンの盃 145

連結性 54, 57, 77
連鎖の同一性 7
連想 113, 142, 145
連想のリンク 54
連体修飾 103, 105

論理形式の同一性 7

わ
話題 157, 158
話題化（topicalization）154–156
話題の展開 157

山梨 正明（やまなし まさあき）

1948 年 静岡県生れ
1975 年 ミシガン大学大学院博士課程修了（言語学、Ph.D.）
京都大学名誉教授、関西外国語大学教授

[主要著書]
『生成意味論研究』（開拓社、1977、市河三喜賞）
『発話行為』（大修館書店、1986）
『比喩と理解』（東京大学出版会、1988）
『推論と照応』（くろしお出版、1992）
『認知文法論』（ひつじ書房、1995）
『認知言語学原理』（くろしお出版、2000）
『ことばの認知空間』（開拓社、2004）
『認知構文論』（大修館書店、2009）
『認知意味論研究』（研究社、2012）
『修辞的表現論』（開拓社、2015）
『自然論理と日常言語』（ひつじ書房、2016）

[監訳]
R.W. ラネカー 『認知文法論序説』（研究社、2008）

[主要編著]
『講座 認知言語学のフロンティア』（Vol.1（2007）～Vol.14（2009）、研究社）
『認知言語学論考』（No.1（2001）～No.14（2016）、ひつじ書房）
『現代言語学の潮流』（勁草書房、共編、2003）

[海外編著]
Cognitive Linguistics.（Vol.1 ～ Vol.5）Edited by M.Yamanashi,
　　London: Sage Publications, 2016.

新版　推論と照応 ── 照応研究の新展開 ──

NDC801／ xii+179p ／21cm

初版第 1 刷 ──────2017年 11月30日

著　者──────山梨 正明

発行人──────岡野 秀夫

発行所──────株式会社 くろしお出版

〒113-0033　東京都文京区本郷3-21-10
［電話］03-5684-3389　［WEB］www.9640.jp

印刷・製本　シナノ書籍印刷　装　丁　折原カズヒロ

©Yamanashi, Masa-aki 2017
Printed in Japan

ISBN978-4-87424-750-1 C3081